십대의 행동 뒤에 숨은 뇌의 비밀

나는 왜 집중을 못할까?

니콜라 모건 지음
김인경 옮김

뜨인돌

차례

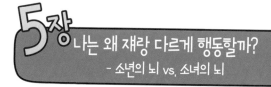

5장 나는 왜 쟤랑 다르게 행동할까?
- 소년의 뇌 vs, 소녀의 뇌

6장 나는 왜 우울할까?
- 우울, 중독, 자해에 대하여

7장 나는 더 나아질 수 있을까?
- 뇌의 힘을 믿어 봐

그거 알아? 부모님들 이야기를 들어 보면, 그분들은 완벽한 청소년기를 보냈어. 완전 모범적이었다니까! 술도 안 마시고, 담배도 안 피우고, 욕도 안 하고, 아침에 침대에서 뒹굴거리지도 않았어. 호르몬 분비도 완벽하게 통제했지. 아니, 호르몬이라는 게 아예 없었을지도 몰라. 절대 흥분하지 않고, 항상 은은하게 미소 짓고, 주변 사람들의 입이 떡 벌어질 만큼 예의 바르게 행동했지.

그리고 그거 알아? 그 부모님들이 모두 기억 상실증에 걸렸다는 사실. 아프고, 끈적거리고, 냄새나고, 호르몬에 휘둘리던 기억, 화나고, 불쾌했던 기억들은 지워지거나 미화됐지. 그러면서 너에게는 "난 말이다, 방을 늘 깨끗이 정리하고 그날 해야 할 숙제는 매일 저녁 식사 전에 다 끝내 뒀단다"라고 말하는 거야. 겨울에는 연탄을 나르고, 숲에서 나무를 해 오고, 손을 호호 불어 가며 성냥을 팔아 모은 돈으로 독서실에 다녔다고 하겠지. 어쩌다 어른에게 욕할 마음이라도 먹었다면 "나는 뼛속까지 어른을 공경합니다"라고 500번은 썼다고 할 거야. 시험은 지금보다 어려웠지만 유튜브도, SNS도 없는 시대에 살았기 때문에 자신들은 훨씬 부지런하고 똑똑했다고 할 거고(아무튼 그분들 말로는 그래). 다들 가난해도 행복했고, 크리스마스에는 온 가족이 모여 게임을 하며 웃음꽃을 피웠대. 모두 헤어진 뒤에는 함께해 주셔서 감사하다는 카드도 보냈고. 그러니까, 그분들 말에 따르면 자기들은 떡잎부터 달랐던 거야.

하지만 정말 그럴까? 어른들이 십대의 뇌에 관해 그 진실을 알게 된다면, 직접 경험한 십대 시절의 진짜 기억이 천천히 되살아날 거야. 십대의 뇌는 특별해. 십대의 뇌에서는 뭔가 색다르고, 매혹적이고, 중요한 일들이 일어나고 있어. 바로 너에게도! 이 책에 쓴 이야기들은 새롭게 발견된 사실과 과학자들의 최근 연구 결과, 그걸 뒷받침하는 내용으로 이루어져 있어. 아마 어른들이 이 책을 읽는다면 놀라면서도, 빠져들고, 결국 안심하게 될 거야(그러니까 어른들에게 꼭 이 책을 보여 주도록!).

나는 지금부터 너의 뇌에 대해서 알려 줄 거야. 왜 십대들은 점심때가 다 되도록 자고 싶은 걸까? 그런데 왜 또 새벽에는 정신이 말똥말똥한 거지? 왜 선생님에게 욕을 하고 싶고, 또 몸에 좋지도 않은 담배를 피우고 싶을까? 그리고 왜 한 가지 일에 집중을 하지 못하고 산만하게 행동할까? 네가 지금 위에서 말한 행동과 더불어 누군가에게 감정적으로 반응하고, 위험천만한 행동을 일삼고, 만사에 짜증이 난다면 이렇게 말해 봐. "그건 제 탓이 아니에요. 뇌 탓이라고요!"

이 말은 너의 환심을 사기 위한 그럴듯한 변명이 아니야. 사실이라니까! 그리고 그거 알아? 뇌에서 어떤 일이, 왜 벌어지는지 알면 스트레스를 받는 대신 뇌를 제대로 활용할 수 있어. 뇌에 관해 지식을 쌓고 이해하면 정말 그렇게 돼.

너의 뇌에서 무슨 일이 벌어지는지 알면 뇌를 존중하고 다정하게 대해야겠다는 마음이 들 거야.

일단 읽어 봐. 깜짝 놀랄걸?

니콜라 모건

본격적으로 책을 읽기 전에 먼저 알아 둬야 할 것들이 있어. 뇌에 관한 기초적인 사실 몇 가지와 작동 원리야. 이 부분을 잘 읽어 두면, 책을 읽다가 내가 이상한 단어(예를 들면 '뉴런'이라든가)를 써도 무슨 말을 하는지 곧장 알아들을 거야. 만약 잘 기억이 나지 않는다 해도 이곳으로 돌아와서 확인하면 되겠지?

뇌의 기초 1 │ 뇌 속에는 무엇이 들었을까?

인간의 뇌에는 850억 개에서 1,000억 개가량의 신경 세포(뉴런)가 있어. 엄청난 양이지. 이 신경 세포는 몸통인 신경 세포체와 긴 꼬리처럼 생긴 부분(축삭 또는 축삭돌기), 수많은 짧은 가지들(가지돌기)로 되어 있지. 오른쪽에 있는 그림을 보면 이해하기 쉬울 거야. 신경 세포는 다른 신경 세포에 미세한 전류를 보내서 엄청난 속도로 메시지를 전달하는데, 전류는 긴 꼬리 부분(축삭돌기)을 타고 신경 세포 끝의 아주 작은 틈새(시냅스라고 해)를 건너서 다른 신경 세포의 가지돌기로 전달돼. 이러한 신경 세포의 활동을 '활동 전위'라고 하는데, 바로 이게 우리의 생각, 기억, 결정, 행

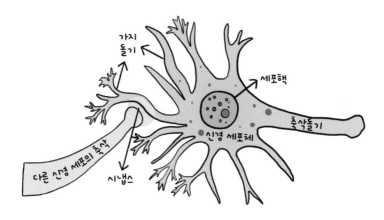

신경 세포(뉴런)

가지 돌기

세포핵

축삭돌기

신경 세포체

다른 신경 세포의 축삭

시냅스

동을 만들어 내.

신경 세포가 서로 소통하지 않는다면 어떻게 될까? 그러면 우리 몸은 아무 일도 하지 않을 거야. 생각하고, 행동하고, 재채기하고, 감정을 느끼고, 화장실에 가는 등 우리가 하는 모든 일은 바로 이 신경 세포가 놀랍도록 복잡한 신경망을 통해 메시지를 쏜살같이 빠르게 서로에게 보내면서 일어나는 거야.

우리가 행동이나 생각을 반복하거나 똑같은 기억을 계속해서 떠올리면, 그와 연관된 연결망이 계속해서 활성화되고 튼튼해져. 연결이 튼튼해질수록 우리는 그 작업에 익숙해지고. 무언가를 연습할수록 더 잘하는 이유가 여기에 있는 거야.

그런데 연결된 신경망은 오랫동안 사용하지 않으면 사라져. 무언가를 하는 방법을 잊거나 단어, 이름, 수학 공식, 공을 차는 정확한 각도 등을 잊어버리는 것도 다 신경망이 사라져 버렸기 때문이지. 그래서 그것들을 다시 알고 싶다면 이 신경 세포들을 다시 연결해야 해. 그러니까 연습이 필요한 거야. 예를 들면 걷기나 말하기를 조절하는 신경 세포와 가지돌기가 있는 영역이 뇌졸중 같은 병으로 손상을 입었다면 걷는 법이나 말하는 법을 다시 배워야 해.

우리는 각자 다른 능력을 타고났어(다른 말로 하면, 우리는 모두 각기 다른 연결망을 갖고 있어). 피아니스트와 축구 선수는 각각 뇌의 다른 영역이 발달했을 테고, 가지돌기와 시냅스 숫자도 다르겠지.

인간의 아기는 신경 세포 대부분을 가진 채 태어나는데, 가지돌기는 많지 않고 시냅스도 거의 연결되지 않은 상태야. 그래서 아기는 할 수 있는 일이 별로 없어. 하지만 아기의 뇌는 아주 빠르게 발달해. 아기의 뇌에서 가지돌기가 가장 빠른 속도로 자라는 시기는 태어난 지 8개월쯤 됐을 때야. 신경 세포는 수만 개의 가지 세포를 뻗을 수 있는데, 일반적으로 인간의 뇌에는 100조 개가량의 신경 연결망이 있어.

우리 뇌는 회백질(gray matter)과 백질(white matter)로 이루어져 있어. 회백질은 주로 신경 세포로 이루어져 있는데 대부분 대뇌 피질 안쪽에 있어(대뇌 피질은 뇌 가장 바깥쪽에 있는 약 2밀리미터 두께의 주름진 부분이야). 백질은 대부분 대뇌 피질 아래쪽에 자리

잡고 있는데, 신경 세포들 간에 메시지를 전달하는 축삭으로 이루어져 있지. 회백질을 '영리한 물질'이라고 부르기도 해. 그런데 튼튼하고 건강한 백질이 많지 않다면 뇌는 제 기능을 하기가 어렵지. 우리 뇌는 회백질과 백질이 균형을 이뤄야 해.

또 뇌에는 신경 아교 세포라는 것도 있어. 이 세포는 메시지를 전달하거나 무언가를 하라고 명령하지는 않지만, 신경 세포에 영양을 공급하고 회복을 돕는 역할을 해.

뇌의 기초 2 | 거울 신경 세포

뇌에는 거울 신경 세포라는 매력적인 신경 세포도 있어. 1990년대에 이탈리아의 과학자 자코모 리촐라티가 처음 발견한 세포지. 이 발견이 중요한 이유는 인간이 학습을 하는 핵심 원리를 발견하게 해 주었기 때문이야. 우리가 어떤 행동을 하는 건 사실 뇌속 관련 부위의 신경 세포가 활성화되면서 그 행동을 하라는 메시지를 보냈기 때문이지. 그런데 거울 신경 세포는 다른 사람이 하는 행동을 단순히 지켜보기만 할 때도 활성화돼. 그러다가 우리가 그 행동을 직접 할 때 다시 똑같은 거울 신경 세포가 활성화되지. 어떤 일을 직접 하지 않고 남이 하는 걸 지켜보기만 했는데도 생각보다 쉽게 해낸 적이 있지? 거울 신경 세포 덕분에 이미 그 행동을 연습한 것과 비슷한 효과가 난 거야.

13

따라서 주변 사람들의 행동은 우리에게 큰 영향을 끼쳐. 거울 신경 세포가 보고 배우기 때문이지. 어린이나 청소년뿐만 아니라 어른들도 마찬가지야! 모방을 통한 학습이 가능한 것은 모두 거울 신경 세포 덕분이야.

뇌의 기초 3 신경 세포 간의 연결

신경 세포는 우연히, 무작위로 연결되지 않아. 우리가 무언가를 할 때만 연결되지. 예를 들면 아기가 어떤 물체에 집중하면 여러 개의 연결망이 생겨나고 뇌에서 시각과 관련된 영역이 발달해. 보는 것을 이해하는 영역과 본 것을 기억하는 영역도 발달해.

흥미로운 점은 과학자들이 뇌가 발달하는 아주 중요한 시기가 있다는 사실을 알아냈다는 거야. 다른 말로 하면, 어떤 기술은 적절한 시기에 적절한 훈련을 받지 못하면 시간이 흐른 뒤에는 제대로 익힐 수 없다는 거지. 예를 들면 7세 이전에 외국어를 배우지 않는다면, 물론 그 이후에도 배우는 건 가능하지만 억양이 좀 어색할 거야. 원어민처럼 발음하기 어렵지. 마찬가지로 아기가 8개월 이전에 시각을 사용할 기회가 없다면 이후 시력에 영향을 받아. 다행스러운 점은, 우리가 살면서 익히는 대부분의 기술은 이렇게 초기에 학습하지 못했더라도 시간이 흐른 뒤 따라잡을 수 있다는 거야.

과학자들이 어린 쥐들을 미로 속에 넣고 며칠간 출구를 찾게 하는 실험을 해 봤대. 어떻게 됐을까? 실제로 뇌에 있는 신경 세포의 가지돌기 수가 증가한 것을 관찰할 수 있었어.

뇌의 신경 세포와 연결망이 나무와 비슷하다고 상상하면 무슨 일이 일어나는지 이해하기가 훨씬 쉬워. 가지가 몇 개 없는 어린 나무를 상상해 봐. 그 나무에 물과 양분을 주면 나무가 자라면서 아주 많은 가지를 뻗겠지? 뇌에서 일어나는 일도 그와 비슷해. 네가 어떤 행동을 반복해서 연습하면 그 활동을 담당하는 뇌 세포가 발달해. 신경 세포가 더 많은 가지를 뻗기도 하고 이미 뻗어 있는 가지가 더 튼튼해지기도 하지.

뇌의 기초 4 뇌의 영역

사람은 제각각 독특한 존재지만 우리 뇌는 모두 동일한 영역으로 구성되어 있고 비슷한 방식으로 작동해. (각자의 뇌가 작동하는 방식을 관찰한다면 놀라운 차이를 발견하겠지만.)

뇌의 각 영역은 우리가 하는 다양한 활동을 조절하는 역할을 맡고 있어. 그런데 '이 영역은 기억을 관리하고 저 영역은 운동을 관리한다'는 식으로 단순하게 말하기는 어려워. 기억이나 행동이 작동하는 방식은 매우 복잡하거든. 기억이나 운동 능력의 수준은 뇌의 모든 영역이 얼마나 잘 연결되었는지, 각 영역 간의 통로가 얼마나 튼튼한지에 달렸어. 피아노 연주를 예로 들어 볼까? 피아노를 치려면 연주하려는 곡의 악상 기호를 기억해야 하고 연주 방법도 알아야 해. 또 신체의 여러 부위를 움직이는 능력이 있어야 하고, 시각을 조절하는 뇌의 기능도 활성화되어야 하지. 특히 손가락을 조절하는 영역이 활성화되어야 해. 그러니까 피아노 연주는 뇌의 여러 영역이 함께 작동해야 하는 활동이야.

이 책에서는 전전두피질(이마옆앞겉질, 전두엽의 앞부분을 덮고 있는 대뇌 피질)이라는 뇌 영역을 자주 언급할 텐데, 이 부분은 의사 결정 같은 논리적이고 복잡한 사고를 다루는 영역이야. 그런데 실제로 뇌는 많은 영역들을 함께 사용하고 이 과정은 훨씬 복잡해. 과학자들은 아직 뇌의 영역들이 어떻게 함께 작용하는지 완전히 밝혀내지 못했어. 하지만 특정한 활동을 할 때 특정 영역이 다른 영역보다 더 중요한 역할을 담당하는 건 밝혀진 사실이야.

오른쪽 그림은 뇌의 주요 영역과 그 영역이 담당하는 일을 나타낸 거야. 우리 뇌는 반으로 나뉘어 있어. 양쪽이 아주 비슷하게 생겼고 쌍을 이루고 있지. 둘은 '뇌량'이라는 곳으로 연결되어 있어, 대부분의 활동이 양쪽을 함께 사용해서 이루어지는데 그 방식에는 살짝 차이가 있다고 해.

뇌는 우리 몸의 움직임을 관할하고 항상성(체온, 혈당 등)을 유지시키며 인지, 감정, 기억, 학습 기능을 담당해. 조금 더 구체적

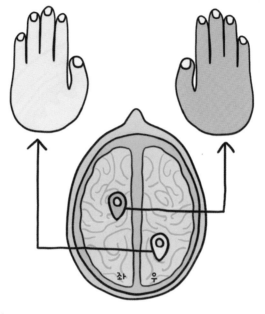

뇌의 좌측 반구는 신체의 오른쪽 부분을 담당하고
우측 반구는 신체의 왼쪽 부분을 담당해.

으로 이야기하면, 대뇌의 앞부분(전두엽)은 필요한 기억을 불러오
는 역할을 해. 대뇌의 옆 부분(측두엽)은 말을 하고 단어의 의미를
기억하는 활동을 맡고 있고. 뒷부분(후두엽)은 시각에 관련되어
있어. 뇌의 중앙에 있는 해마는 어떤 사실이나 경험 같은 긴 이야
기를 기억하는 데 영향을 미친다고 해.

17

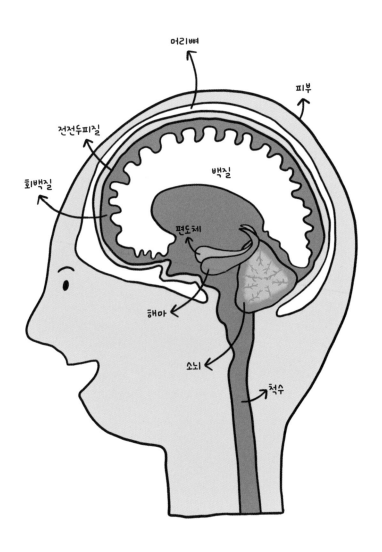

머리뼈

피부

전전두피질

백질

회백질

편도체

해마

소뇌

척수

18

지금부터는 과거에 과학자들이 주장하던 내용을 살펴보려고 해.

♡ 우리는 필요한 신경 세포를 전부 가지고 태어나고, 신경 세포는 더
  이상 자라지 않는다.

♡ 뇌의 성숙과 발달은 3세가량이면 모두 끝나고 그 이후에는 축삭이
  나 연결망이 더 자라지 않는다.

♡ 5~6세 이후 신경 세포는 죽기 시작하고 대체할 신경 세포는 생겨나
  지 않는다.

이 이론을 '3세 신화'라고 해. 3세 이전에 중요한 발달이 전부
이루어지고 그다음에는 퇴행한다는 이론이지. 완전히 잘못된 얘
기야.

과학자들은 뇌가 계속 발달하고 생애 후반에도 신경 세포가
자란다는 사실을 증명해 냈어. 이미 존재하는 세포끼리 연결되기
도 하고 새로운 신경 세포가 자라기도 해. 노인들도 새로운 기술
을 배우는 걸 보면 알 수 있지. 그런데 여기서 우리가 알아 둬야
할 점이 있어. 그건 바로 청소년기에는 회백질의 용량에 중요한
변화가 일어나고 뇌의 특정 영역이 다른 영역보다 훨씬 많은 변
화를 겪는다는 거야.

그런데 우리는 어떻게 인간의 뇌에 관해 이토록 많은 것을 알게 되었을까? 기술이 발달하면서 과학자들이 살아 있는 생명체의 뇌 안쪽을 관찰할 수 있게 되었기 때문이야. 옛날에는 인간의 뇌를 관찰하려면 시신을 해부하거나 사람에게 방사성 염료를 주입해서 스캔해야 했어. 당연히 위험했고, 과학자들은 건강한 뇌를 관찰하기 어려웠지. 한 사람의 뇌를 반복해서 스캔할 수도 없었고. 그리고 그런 방법들로는 사람이 무언가를 할 때 뇌에서 어떤 일이 일어나는지 밝혀낼 수도 없었어.

그런데 기능적 자기 공명 영상(fMRI)이라는 새로운 기술이 개발되면서 모든 것이 달라졌어. 이 기술을 이용함으로써 우리가 특정한 활동을 하는 동안 뇌의 어떤 영역이 활성화되는지, 어떤 일이 일어나는지 관찰할 수 있게 된 거야.

기능적 자기 공명 영상은 신체에 해를 입히지 않기 때문에 과학자들은 건강하고 활동적인 청소년들의 뇌를 스캔해서 측정하고 비교할 수 있게 됐어. 과학자들은 청소년의 뇌 활동을 처음 관찰하면서 놀라움을 금치 못했대. 그리고 지금도 청소년 뇌의 세밀한 부분까지 관찰하면서 놀라운 사실들을 알아내는 중이야.

과학과 평균에 관하여

'일반적' 혹은 '평균'이라는 말이 '누구나 다 그렇다'라는 뜻은 아니라는 점을 잊지 마. 내가 사람들이 '어떤 경향이 있다'거나 '일반적으로 그렇다'거나 '대체로 그렇다'라고 말한다고 해서 모두가 그런다거나 누구나 항상 그렇다는 뜻은 아니야. 너도 알지? 인간은 다양하고 저마다 개성이 있는 특별한 존재야.

자, 내가 '12세는 17세에 비해 일반적으로 사람의 표정에서 감정을 읽어 내는 데 서툴다'라는 문장을 썼다고 해 보자. 이 문장은 모든 12세가 17세보다 서툴다는 뜻이 아니야. '전부'가 아닌 '대부분'이 서툴다는 뜻이야.

나는 (특별히 언급하지 않는다면) 개인적인 의견이 아니라 연구 논문을 조사한 뒤 그에 바탕을 두고 이 책을 썼어. 수많은 연구 사례들을 조사하느라 많은 시간을 보냈고 신빙성을 확인하는 것에도 신경을 많이 썼어. 그리고 한 가지 연구 결과에만 의존하지 않고 비슷한 사례들을 최대한 많이 수집해서 가장 타당한 결과를 이 책이 실으려고 노력했어. 그리고 알아 둬야 할 것이 하나 더 있어. 모든 것은 변하기 마련이야. '75퍼센트의 소녀들은 …했다'라는 말이 한때 타당했다고 10년이 지난 뒤에도 타당하다고 보긴 어려워. 뇌 분야에서는 지금도 많은 연구가 이뤄지고 있기 때문에 앞으로 달라지는 내용이 있다면 추가적으로 보완하고 수정할 생각이야.

나는 진실하고 정확한 태도로 설명하기 위해 최선을 다했어. 또 명확한 단어를 사용하려고 애썼지. 그러니까 명심해! '일반적으로'는 말 그대로 '일반적'이라는 뜻일 뿐 전부가 그렇다는 것은 아니야!

너에 관하여

너는 인간이고, 십대고, 한 개인이야. 십대들은 누구나 청소년기를 지나는 동안 뇌에 변화를 겪어. 그 변화는 십대 시기에 어떤 경험을 하느냐에 따라 다르게 나타나. 십대들의 '일반적'인 행동은 다양한데, 너는 그런 행동을 할 수도 있고 하지 않을 수도 있어. 청소년기의 네 개인적 경험은 너를 너로 만드는 데 영향을 미쳐. 유전자, 생물학적 요인, 환경 요인… 너는 이런 것들에 따라 여러 가지 일들을 매일매일 경험하겠지.

인생 처음 겪는 일들 속에서 너는 너 자신을 찾는 연습을 하게 될 거야. 그때 이 책이 조금이나마 도움이 되길 바랄게. '뇌'라는 신비로운 존재가 너를 어떻게 이끌어 가는지 알게 되면 세상과 너 자신을 바라보는 시야가 훨씬 넓어질 거야. 네가 T든 F든 상관없어. 지금부터 뇌에 대해서 공부해 보자. 어려운 부분이 있다면 너무 끙끙대지 말고 다음 내용으로 넘어가는 것도 좋은 방법이야. 전체적으로 다 읽고 난 다음 궁금한 부분은 인터넷에서 검색을 해 보거나 선생님을 찾아가 봐. 너만의 방식으로 뇌를 탐구하다 보면 너 자신을 이해하는 새로운 노하우가 쌓일 거야!

나는 왜
집중을
못할까?

– 뇌와 스마트폰과 친구

평범한 스마트폰 중독자의 하루

벌써 다음 주가 시험이야.
이번에도 벼락치기를 할 수는 없지.

흠, 그럼 마지막으로 디엠만 확인할까?

디엠 확인은 얼마 안 걸려. 급한 일이면 어떡해.

5시였는데 갑자기 7시 된 거 실화임?
이건 타임 리프가 분명하다.

오늘도 스마트폰에게 집중력을 도둑맞았다.

"도망간 집중력을 ◇ 찾아 주세요."

솔이라는 중학생이 있어. 공부를 잘하고 싶긴 한데 자꾸 다른 데 신경이 쓰여서 걱정이야. 예전에는 과제를 일찌감치 끝냈는데 요즘 들어서는 계속 미루기만 해. 솔에게 무슨 문제라도 있는 걸까?

솔은 저녁을 먹자마자 방으로 달려갔어. 과제가 엄청나게 많았거든. 솔은 꽤 열심히 공부하는 학생이야. 진중한 성격에다 욕심도 많아. 엄마는 솔이 말썽 부리지 않고 방에 콕 틀어박혀서 과제를 하는(과연 그럴까?) 모습에 흐뭇해했지.

솔이 뭘 하고 있는지 볼까? 솔은 스마트폰부터 들었어. 공부를 시작하기 전에 메시지를 확인해야 하잖아? 궁금했던 메시지를 전부 확인하고 나면 집중이 잘될 테니까. 물론 답장도 보내야 해. 친구가 보낸 메시지를 읽기만 하고 모른 체하면 안 되잖아.

솔은 오른손으로 메시지를 훑으면서 왼손으로 노트북을 열었어. 솔은 카카오톡, 인스타그램, 페이스북을 오가며 메시지를 보냈어. 이모가 보낸 메시지도 확인했지만, 답은 안 했고. (어른이 보낸 메시지에는 그래도 되잖아?) 아무튼 그러느라 몇 분이 지났어.

솔은 슬쩍 노트북을 봤어. 아, 맞다. 에세이 과제 파일을 열려고 했었지. 화면에는 솔이 노트북을 닫기 전에 켜 두었던 트위치 창이 열려 있었어. '좋아, 누가 게임을 하고 있는지 잠깐 훑어보기만 하자.' 솔은 그렇게 생각하면서 알람을 설정했어. 15분 정도만 보고 과제를 할 생각이었던 거야. 솔은 채팅 창과 트위치를 오가며 화면을 훑기 시작했어. 솔은 십대야. 부모님과 달리 멀티태스킹에 아주 능하지. 아, 인스타그램도 확인해야겠다.

그러다 시계를 본 솔은 한 시간 가까이 지났다는 사실을 깨달았어. 엄청난 죄책감이 밀려왔지. 아직 과제는 시작도 못 했는데 어떡해!

알람 설정을 한다고 생각만 하고 잊었나? 아니면 알람이 울렸는데 못 들었나? 틱톡을 볼 때 울렸나? 아, 맞다. 틱톡을 열었다가 카일라가 친구랑 올린 챌린지 영상을 봤지. 친구들이랑 그 영상을 두고 또 한참을 떠들었지 뭐야.

솔은 드디어 에세이 과제 파일을 열었어. 몇 줄밖에 안 쓴 글을 보자 가슴이 철렁해서 곧장 자판을 두드리기 시작했어. 늦게까지 깨어 있지 않겠다고 결심했는데 벌써 과제를 할 시간이 얼마 남지 않은 거야. 아, 수학 숙제도 있었지. 망했다. 마음이 급해진 솔은 집중력을 풀가동해 에세이에 매달렸어.

그때 스마트폰에서 알림 소리가 났어. 솔은 과제에서 눈을 떼지 않았어. 문장을 써 내려가는데 다시 알림이 울렸어. 계속해서 알림이 울렸지. 무슨 일이 있나 봐. 이쯤 되면 확인하지 않을 수가 없어. '스마트폰을 무음으로 해 놓을걸…'

알림이 쌓였는데 모른 척하기란 쉽지 않아. 인스타그램에 메시지가 열다섯 개는 온 것 같아. 메시지 알림을 누르지는 않았지만 솔이는 메시지의 일부를 볼 수 있었어. 에드의 이름이 계속 보이네? 아, 제발, 안 돼! 솔의 배에 힘이 들어갔어. 에드한테 나는 빼 달라고 이미 말을 해 두었는데. 그런 짓은 하지 말라고 경고도 했지. 요즘 들어 에드가 솔의 말을 듣지 않아. 솔의 심장이 콩닥콩 닥거렸어.

에드는 원래 좋은 친구였는데, 언젠가부터 여학생들에 대해 하면 안 되는 말을 하기 시작했어. 솔 말고 다른 친구들도 에드에게 그러지 말라고 했는데 에드는 들은 척도 안 했어. 윗옷을 벗은 여학생 사진을 구해서 온라인에 올렸다는 얘기를 들은 적도 있어. 그 일 때문에 이렇게 알림이 오는 걸까? 맙소사, 제발 아니길. 대학생인 솔의 누나는 끊임없이 평가받고 성적(性的)으로 언급되는 입장이 어떤 것인지 솔에게 틈틈이 말해 줬어. 그런 식으로 인간을 인간이 아닌 어떤 물건처럼 여기는 일을 '대상화'라고 한다고도 알려 줬고. 솔은 그런 일을 벌이는 사람이 되고 싶지 않았어.

알림을 누르지는 않았지만 솔은 벌써 내용을 파악했지. 에드가 또 이상한 사진을 온라인에 올린 게 분명했어. 여러 생각들이 솔의 머릿속에서 빙글빙글 떠다녔어. 상관하지 말자. 무시해. 아니야, 뭔가 말을 해야 하나? 누구에게 말해야 하지? 아니다, 과제에 집중하자. 솔은 이미 자기가 과제와 공부에 집중하기 힘든 상태인 걸 알아챘어.

솔은 스마트폰을 아래로 뒤집어 놓았어. 딩동. 딩동. 솔은 스마트폰을 무음으로 설정한 다음 침대 아래로 던져 버리고 과제에 집중했어. 그런 뒤에 에세이를 두어 줄 더 쓰기는 했지만⋯ 썩 마음에 들지는 않았어. 정신이 너무 사나워서 집중하기가 어려웠거든. 솔은 다시 스마트폰을 주워서 틱톡 앱을 열었어. 밝고 재미있는 아이디어를 떠올리는 데 도움이 될지도 모른다고 생각하면서. 과제는 그다음에 하면 되니까.

그렇게 두 시간이 흘렀어. 어떤 일이 일어났을지는 다들 잘 알고 있겠지? 솔은 결국 과제를 끝내지 못했어. 속이 울렁거렸어.

엄마에게 털어놓고 조언을 구해 볼까? 에드 이야기는 빼자. 무슨 말부터 시작해야 할지 모르겠는 데다 그건 엄마와는 상관없는 이야기잖아. 어떻게 해야 틈만 나면 SNS를 확인하는 버릇을 버리고 틱톡의 블랙홀에 빠지지 않을 수 있을까? 계속 미루면서 과제를 시작하지 않는 습관은 어떻게 고쳐야 할까? 나에게 무슨 문제라도 있는 걸까? 솔은 걱정이 됐어. 집중력이 파리에 맞먹을 정도잖아. 솔은 스마트폰에 중독된 느낌이었어. 끊어 내야 한다는 사실은 알지만 그럴 수가 없었으니까.

그렇게 생각하니 진심으로 두려워지기 시작했지. 뭔가에 정신이 팔려서 행동을 통제하지 못하는 상황이 반복되잖아. 스마트폰을 눈에 띄지 않는 곳에 치워 두거나 화면을 엎어 두는 일이 왜 이렇게도 어려울까? 말 그대로 손가락만 움직이면 되는데!

솔의 엄마는 심리학자야. 엄마는 항상 긍정적인 마음과 창의적인 사고가 얼마나 중요한지 이야기해 줘.

솔은 아래층으로 내려갔어. 엄마는 TV를 켜 놓고 노트북을 보고 있었어.

"어머나, 이게 누구야? 무슨 일이라도 생기셨나?"

엄마가 노트북에 시선을 고정한 채 솔에게 말했어.

"엄마, 엄마의 도움이 필요해요."

"그래, 아들. 무슨 일이니?"

엄마가 고개를 들고 솔을 쳐다봤어. 그건 엄마의 습관이야. 누군가와 대화할 때 표정과 몸짓으로 '들을 준비가 다 되었단다'라는 뜻을 전하는 거지.

"제가 집중하기가 힘…."

솔이 말을 시작하는데 엄마의 스마트폰에서 알림 소리가 울렸어. 엄마는 바로 스마트폰을 집어 들었어.

"미안해. 이것만 보고 이야기하자. 일이랑 관련된 연락이야."

뭐, 당연히 그래야겠지? 일 때문이라잖아. 그런데 아들의 이야기를 듣는 것보다 중요한 일이 뭘까? 지금 여기서 SNS에 중독된 사람, 대화 습관에 문제가 있는 사람은 과연 누구일까?

솔은 한숨을 쉬며 위층으로 올라갔어.

솔의 뇌에서는 대체 무슨 일이 벌어지고 있는 거야?

굉장히 많은 일이 일어났어! 같이 하나하나 짚어 보자.

- ♡ 솔은 소통해야 한다는 강박을 느꼈어.
- ♡ 스마트폰에 중독된 것 같아.
- ♡ SNS 때문에 산만해졌고, 해야 할 일을 미뤘어.
- ♡ 멀티태스킹을 하다가 문제가 발생했어.
- ♡ 집단 행동, 그러니까 다수가 만들어 내는 분위기와 압력에 따르길 바라는 압박이 있었어.
- ♡ 어른들도 자신과 같은 문제를 겪는다는 사실을 알게 됐어.

이런 행동은 인간의 뇌의 연결 방식 때문에 벌어져. 우리 뇌의 설계 방식 탓에 이런 문제를 피하기가 쉽지 않은 거야. 어른들에게도 문제이긴 마찬가지지만, 이런 일들이 왜 십대에게 더 문제가 되는지 알아보자.

우리 뇌는 전자 기기 화면과 사랑에 빠지도록 설계되었어

인간의 뇌는 컴퓨터 시스템처럼 각 영역이 '연결'되어 있어. 즉, 특정한 방식으로 작동하도록 프로그래밍되었단 말이지. 이런 연결 방식은 수천 년 전 수렵 채집인이었던 우리 조상들도 썼던 방식이야.

우리 뇌는 특히 세 가지 특징 때문에 전자 기기 화면과 SNS에서 벗어나기 어려워. 하나씩 살펴볼까?

뇌는 사회적이야 - 초기 인류는 집단생활을 할 때 훨씬 안전하고 쉽게 생존할 수 있었을 거야. 서로 정보를 나누고, 힘을 합쳐 사냥하고, 은신처를 꾸리고, 아이들을 키우고, 아플 때 서로 보살폈던 거지. 지금도 우리는 서로 돕고, 협력하고, 우정을 나누고, 즐기고, 결속을 다지며 함께 이익을 누려. 즉, 우리 뇌는 사회적으로 연결되어 있기를 원해.

뇌는 호기심이 많아 - 초기 인류는 호기심이 많아야 했어. 성능 좋은 연장을 만드는 법, 안전하고 따뜻한 은신처를 만드는 법, 강 건너에 살기 좋은 장소가 있을지, 산 너머에 더 많은 먹거리가 있을지를 궁금해했지. 우리가 오늘날에도 기술을 배우고 지식을 쌓을 수 있는 건 바로 이 호기심 때문이야.

뇌는 쉽게 산만해져 - 인류의 조상은 항상 포식자나 적의 움직임에 주의를 기울여야 했어. 즉, 다른 데로 주의를 잘 돌리는 게 뇌의 중요한 기능이었단 말이지. 오늘날에도 우리가 쉽게 주변의 문제나 위협을 알아채는 것은 그 덕분이야.

전자 기기는 우리가 끊임없이 사회적으로 교류하고, 호기심을 느끼고, 산만해지도록 설계되었어. 그래서 우리가 밤낮없이 화면을 들여다보는 거야!

우리는 전자 기기를 확인하고 싶은 강박을 느낄 때가 많아. 뇌 속의 보상 시스템이 작동하면서 이 멈추기 힘든 습관을 만들어 내는 거지. 우리가 전자 기기를 사랑하고 그걸 내려놓고 싶지 않은 건, 그걸 사용할 때마다 뇌의 보상 시스템이 활성화되어서 중독적인 행동에 부채질을 하기 때문이야.

십대의 뇌는 친구를 좋아해

나이를 떠나서 사람은 다른 이들과 연결되어야 해. 혼자 있기를 좋아하는 사람이라 해도 친구가 필요하지. 만약 너에게 정말 좋은 일이나 나쁜 일이 생겼는데 주변에 털어놓을 사람이 없다면 어떤 느낌일지 생각해 봐. 외로움은 정신 건강에 악영향을 끼치는 주요 원인이야.

친구와의 관계가 가족간의 관계와 가장 다른 점은 가족간의 유대는 자동으로 생기지만 우정은 쌓아 나가야 한다는 거야. 물론 유대감이 약한 가족이 있을 수도 있고 우정이 단단한 경우도 있겠지? 하지만 일반적으로 생각해 볼 때, 네가 무례하게 행동해도 부모님은 너를 사랑해 주실 거야. 하지만 친구는 그러지 않겠지. 네가 무례하게 굴어도 변함 없이 너를 좋아해 주는 친구는 아마 찾기 쉽지 않을걸?

청소년기는 부모보다 또래와 끈끈한 관계를 쌓으며 어울리고자 하는 욕구가 매우 강해지는 때야. 아마 너는 부모님이 너를 어떻게 생각하는지보다 친구들이 너를 어떻게 생각하는지가 훨씬 중요할 거야.

조용한 사람은 어떨까?

십대들이 사회적인 성향을 띤다고 해서 모두가 떠들썩하거나 거친 행동을 일삼는 건 아니야. 유대를 맺고 서로 연결되고자 하는 본성이 네 나이대에 특히 강해진다는 의미지.

한두 명의 친구와 어울리면서 조용히 활동하는 편을 선호하고 대부분의 시간을 혼자 보내고 싶어 하는 십대들도 많아. '내향적'이라는 말 들어 봤지? MBTI 얘기할 때 'I'인 사람들. 그 반대인 사람들은 '외향적'이라고 하지. 일반적인 기준보다 훨씬 내향적이거나 외향적인 사람들도 있어. 어떤 때는 내향적이었다가 또 어떤 때는 외향적으로 행동하는 사람도 있고.

내향적인 사람들도 다른 이들과 어울리며 우정을 쌓고 싶어 하는 건 마찬가지야. 단지 시끄러운 걸 싫어하고, 복잡한 인간관계 속에서 남들보다 쉽게 피곤해질 뿐이야. 이런 사람들은 소수로 구성된 집단이나 1 대 1 관계일 때 더 편안하고 자연스럽게 행동하는 경향이 있어. 그리고 혼자서 충분히 시간을 보내면서 기운을 충전하는 걸 좋아하고. 만약 네가 이런 사람이라면, 꼭 시끌벅적한 사람들 사이에 끼어 있어야 한다고 생각하지 않아도 돼. 너만의 조용한 방식으로도 꽤 괜찮은 인간관계를 맺어 나갈 수 있어.

또래와 집단에서 받는 압력
- 어른보다 또래가 좋아

어른들은 종종 이렇게 물어.

"왜 우리 아이는 제 말은 안 듣고 친구들 말만 듣는 걸까요? 제 말이 훨씬 합리적이고 자기한테 유익한데 말이에요."

나는 이렇게 대답하지.

"그 애들은 그렇게 해야만 하거든요."

십대 때는 친구들에게 인정받고자 하는 욕망이 부모님을 만족시키고자 하는 욕구보다 훨씬 강해.

우리에게는 주변 사람들에게 인정받고 싶고 잘 어울리고 싶은 욕망이 있어. 어른도 마찬가지지만 청소년기 때는 특히 그렇지. 너는 친구들 무리 속에서 안정감을 누리고 싶을 거야.

솔은 에드 패거리와 어울리지 않았어. 두 가지 이유 때문에 그럴 수 있었지. 누나에게 들은 이야기 덕분에 깨달은 바가 있었고, 에드 패거리에 동조하지 않는, 따로 어울릴 친구들도 있었어. 누

기억하자!
부모님을 사랑하고 존중하는 일과 친구와 단단한 유대를 쌓아 나가는 일 모두 중요해.

나의 조언과 어울릴 친구가 없었다면 솔은 지금보다 많이 힘들었을 거야.

포모 증후군
- 뒤처지거나 소외될지도 모른다는 두려움

포모 증후군은 '소외되는 것에 대한 두려움'을 뜻하는 'Fear Of Missing Out'의 머리글자를 딴 '포모'(FOMO)와 병적 증상을 뜻하는 '증후군'(Syndrome)을 조합한 용어야. '소외 불안 증후군' 또는 '고립 공포증'으로도 해석할 수 있어. 옥스퍼드 사전에는 '멋지고 흥미로운 일이 지금 어딘가에서 일어나고 있을 것이라는 불안감. 주로 SNS의 게시물에 의하여 유발됨'이라고 설명되어 있는데 자신만 뒤처지고, 제외되는 것 같은 불안감을 느끼는 증상을 가리켜.

학교에 도착했는데 모두가 지난밤에 일어난 어떤 사건에 관해 이야기하고 있고, 너는 무슨 일인지 하나도 모른다면 어떨까? 아마도 소외감을 느끼겠지? 그러면 소외될지도 모른다는 두려움 때문에 숙제를 하는 대신 계속 스마트폰을 확인하게 돼. 솔이 그랬던 것처럼 말이야.

소외감을 느끼는 건 누구에게나 힘든 일이야. 불안한 감정에

저항할 수 있게 돕는 뇌의 영역은 전전두피질인데 청소년 시기에는 이 영역이 제 역할을 해내지 못할 때가 많아. 너도 알다시피 아직 완전히 발달하지 않아서지. 또래와 어울리는 일은 너에게 엄청 중요해. 십대들이 겪는 문제는 두 가지로 정리할 수 있어. 아직 제 역할을 하지 못하는 전전두피질과 감정을 따르려는 강한 성향.

심리학자 프란신 샤피로(Francine Shapiro) 박사는 눈동자를 움직이면 화가 줄어든다는 사실을 발견했대. 화가 나거나 불안하다고? 지금 당장 눈동자를 좌우로 움직여 보자.

남의 시선을 의식하는 사회적인 뇌

청소년기의 사회적인 뇌에 대해 연구하는 신경 과학자 세라제인 블레이크모어 교수는 논문을 통해 청소년들이 난처한 상황에 처했을 때 다른 연령대의 사람들보다 또래의 의견에 더 민감하게 반응한다는 연구 결과를 발표했어. 청소년들에게 난처한 상황을 상상해 보게 하자 두뇌 활동이 성인들보다 강하게 활성화되었고 활성화된 영역도 성인과 살짝 달랐어.

나도 십대 때 그랬던 것 같아. 지금이라면 그냥 웃어넘겼을 일들이지. 다른 사람이 나를 어떻게 생각할지 걱정됐던 건데, 나는 지금도 사람들이 나를 어떻게 생각할지 많이 신경 쓰는 편이지만, 청소년기에는 사람들의 시선을 무시하기가 너무 어려웠어.

필터는 꼭 필요할까?

요즘 필터 안 쓰고 셀카를 찍는 사람도 있을까? 훨씬 더 예쁘고 잘생겨 보이는데 말이야. 너도 사진을 찍을 때 필터를 사용하고 싶은 마음이 들 거야. 그게 무슨 해를 끼치겠나 싶겠지만 필터가 꼭 필요한지 생각해 보면 좋겠어.

필터를 사용하다 필터를 적용하지 않은 자기 모습을 보면 어떤 기분이 들까? 결국 자존감이 낮아지고 자기 외모에서 마음에 들지 않는 부분에 과하게 집착할 수도 있어.

어른들도 주변 시선을 의식하고 왜곡된 신체 이미지를 가지기도 하지만 청소년기에는 유독 심해. 너는 아주 빠르게 변화하는 중이라는 걸 잊지 마. 이 모두가 또래와 잘 어울리는 일이 중요하기 때문에 생기는 일이야. 사회에서 요구하는 미의 기준에 맞춰야 또래 안에서도 인정받을 수 있다는 심리가 작용하는 거지. 사회적인 뇌는 집단에서 인정받고 일원이 되려는 욕구가 아주 강해.

온라인에서 벌어지는 일들

혹시 '온라인 탈억제 효과'라는 말 들어 봤어? 온라인에서는 얼굴을 맞대고 있을 때나 통화를 할 때보다 덜 조심스럽게 행동하는 현상을 설명하는 용어지. 이러기는 어른들도 마찬가지야. 어른들도 생각 없이 메시지를 보내. 그런 상황에서는 뒷일을 생각하지 않고 못된 말이나 비상식적인 말을 내뱉기가 훨씬 쉬워. 그러다 보면 불쾌하거나 자극적인 게시물을 올리거나 특정인을 괴롭히고 따돌리는 일에 자기도 모르는 사이에 빠져들 수 있어.

또 사진이나 영상을 올리는 문제도 있어. 에드는 상의를 입지 않은 여학생의 사진을 온라인에 올렸어. 그런 상황이 벌어진 계기를 우리는 알지 못하지만, 그 여학생이 원하거나 알고 있는 일은 아닐 거라고 짐작할 수 있지. SNS는 무엇이든 올릴 수 있고 많은 사람이 보기 쉽게 운영되는데, 그러다 보면 계정 주인이나 게시자가 손쓰기 어려워질 때도 많아. 에드가 저지른 건 범죄 행위야. 에드는 어떤 일이 벌어질지 생각하지 않고 충동적으로 그런 일을 벌였겠지.

우리는 왜 이런 실수를 저지를까? 왜 평소에는 예의가 바른 사람도 온라인에서는 비상식적인 말을 하고 잔인해지는 걸까? 과학자들은 다양한 이론을 제시했는데, 청소년의 뇌와 관련이 큰 두 가지 요인이 있어.

다시 전전두피질 무모한 충동을 억누르고 신중하게 의사 결정을 내리는 이 영역이 아직 완전히 발달하지 않았기 때문에, 청소년은 어른들보다 이런 실수를 저지르기가 쉬워. (물론 어른들도 이런 실수를 해.)

다시 사회적인 뇌 친구를 사귀고 소통하려면 서로의 정보를 나누고 함께 어울려야 해. 우리는 나와 타인에 관한 정보를 공유하려는 경향이 있어. 때로는 너무 지나칠 정도로. 정보나 사진을 전송하는 일은 너무나 쉽고, 그런 유혹을 떨쳐 내는 건 힘들지. 우리는 다른 사람과 잘 지내고 싶어 해. 인간은 그렇게 설계되었는데, 십대들은 누구보다 그런 욕구가 강해.

너도 충동적인 마음을 끊어 내고 좋은 결정을 내릴 수 있어! 다만 어른들보다 조금 더 노력할 필요가 있을 뿐이야. 전전두피질이 통제력을 발휘하도록 해서 옳은 일을 해낸다면 너는 칭찬받아 마땅해!

집중력 vs. 산만함

우리가 보는 전자 기기는 정신을 흩트리기 딱 좋게 설계되었어.

우리가 좋아하는 것들만 골라 놨잖아. 사람들과 어울리고, 호기심을 느끼고, 정신을 쏟기에 딱 좋지. 클릭만 하면 연결되는 링크, 움직이는 이미지와 영상들, 지식과 정보, 알림, 친구가 보낸 메시지 등등.

공부에 집중하는 일은 어려워. 그렇지만 게임을 하거나 이미지, 메시지를 확인하는 일은 훨씬 쉽고 재미있지. 누구나 어려운 일보다 쉬운 일에 끌리기 마련이야.

나도 마찬가지인데, 많은 사람들이 여러 기기, 다양한 앱과 작업 창을 한번에 열어 놓고 사용해. 이리저리 오가면서 동시에 여러 작업을 하는 거지. 린다 스톤이라는 작가는 이런 상황을 '불완전한 집중의 지속 현상'이라고 정의했어.

만약 이메일에 답장을 하는 것처럼 단순한 일을 처리할 때라면 이렇게 해도 별 문제가 되지 않을 거야. 하지만 해내기가 쉽지 않거나 영 흥미가 안 생기는 일을 해야 할 때라면? 제대로 일을 해내지 못할 수도 있어. 너도 솔의 이야기에서 확인했을 거야. 솔은 스마트폰을 꺼야 한다는 사실을 알았지만 그러지 않았고, 결국 과제를 할 타이밍을 놓치고 말았어.

이렇게 동시 다발적으로 여러 일을 하는 걸 '멀티태스킹'이라고 해. 지금부터 멀티태스킹에 대해 알아보자.

집중력과 멀티태스킹에 관한 사실들

- 우리의 집중력이 이전에 비해 떨어지고 있다는 증거는 없어. 가끔 그런 주장을 들어 봤을지도 모르겠지만 말이야. 사실 상황, 기분, 집중 대상 등등 변수가 너무 많기 때문에 사람이 얼마나 오래 집중할 수 있는지 측정할 방법은 없어. 내가 장담하는데, 아마 좋아하는 게임을 할 때는 엄청나게 오랫동안 집중할 수 있을걸!

- 주의를 흩트리는 일에 익숙해지면 주의를 흩트리는 것을 피하는 일도 훨씬 쉬울 거라고 생각할 수 있을지도 몰라. 그치만 많은 시간 동안 멀티태스킹을 하는 사람들은 산만함이 더하면 더했지 덜하진 않는다고 해.

- 눈에 띄는 곳에 스마트폰을 두면 알림이 울리지 않아도 업무 수행 능력이 저하된다고 해.

- SNS 활동을 하면서 즐거움을 느끼는 대신 공부에 집중할 때 활성화되는 뇌 부위는 어디일까? 맞아, 전전두피질이야!

멀티태스킹의 문제

혹시 동시에 두 가지 대화를 들어 보려고 한 적 있어? 아마 잘 안 됐을 거야. 듣는 활동은 뇌의 주의 집중 능력을 많이 소모하기 때문에 우리는 동시에 두 가지 대화를 듣기가 힘들어. 읽기, 쓰기, 계산하기, 문제 해결, 과제, 학습, 이해 같은 작업을 할 때도 마찬가지야. 이때도 고도의 집중력이 필요해. 우리는 뇌를 어떤 작업에 쓸지 신중하게 결정할 필요가 있어.

음악을 들으면 집중하는 데 도움이 돼. 음악이 다른 잡음이나 잡념을 차단하는 효과를 내기 때문이야. 단, 네가 잘 아는 음악이나 직접 고른 음악이어야 하고 너무 요란하지 않아야 해. 공부 계획에 맞춘 플레이리스트를 만들어 봐. 유튜브에도 공부하면서 듣기 좋은 채널이 많아.

고정 관념과는 다르게, 십대가 어른보다 멀티태스킹을 더 잘하지는 않아. 여성이 남성보다 더 낫지도 않고. 우리는 한 가지 일에 집중할 때 고강도의 주의가 필요한 업무를 훨씬 잘 수행하고, 주의를 산만하게 만드는 일에도 신경을 쓰지 않게 돼.

문제는 우리가 두 가지 전자 기기나 앱을 한 번에 사용하는 일이 많다는 데 있어. 솔도 그랬고 솔의 엄마도 그랬지. 솔의 엄마는 노트북과 TV를 동시에 보고 있었잖아? 마음을 다잡고 자기가 하는 한 가지 일에 제대로 집중해 보기를 권할게. 한 번에 한 가지 일만 하는 것이 훨씬 효과적이야!

십대의 뇌는 왜 친구를 좋아할까?

십대의 뇌가 사회적인 욕구가 강한 이유를 설명하는 몇 가지 이론이 있어. 네가 그 '만능 기기'를 과도하게 사용하는 데는 다 이유가 있는 거야.

이론 1　어른의 보호에서 분리되는 시기다

청소년기는 독립을 향한 여정이야. 그 과정에서 너는 유년기 시절에 너를 보호하는 일을 맡았던 어른들에게서 서서히 분리돼.

사람은 서로 연결되기를 바라는데, 가족들과 맺었던 유대 관계가 느슨해진다면 그것을 대체할 새로운 연결이 필요하겠지? 가족들과 거리가 멀어지면서 우정을 쌓는 일이 중요해지는 건 당연한 일이야. 십대의 뇌가 친구를 좋아하는 것도 당연하고. 네가 여러 사람과 어울려야 하는 상황을 좋아하지 않는 성격이라 하더라도, 너에게는 진정한 친구가 필요할 거야.

이론 2　설상가상으로 변화의 폭풍이 몰아치는 시기다

청소년기에는 모든 것이 급변하고, 해결해야 할 일들도 너무 많아. 신체 변화, 호르몬, 뇌, 배워야 할 것, 걱정하는 것들, 책임감, 친구 관계 등등. 이런 변화가 신나고 긍정적일 수도 있겠지만, 스트레스를 받고 혼란스럽고 불안할 수도 있어. 그러면 친구들과의 관계 속에서라도 네가 안전하다는 것을 확인하고 싶겠지? SNS에 집착하는 것도 그런 이유에서일 수 있어. SNS에서 친구들과 어울리며 안전하고 지지받는다고 느끼는 거야.

이 말이 무슨 뜻일까? 2000년대 초반에 태어난 사람들은 전자 기기에 익숙한 뇌를 가지고 태어났다는 뜻이야. 그런데 사실, 이건 말도 안 되는 소리야. 요즘 태어나는 일반적인 갓난아기의 뇌는 500년 전에 태어난 사람의 뇌와 다르지 않아.

그래도 다른 점이 있어. 그게 뭘까? 바로 지금 시대는 아이들이 전자 기기의 화면을 보면서 자란다는 거야. 만약 네가 열세 살이라면, 너는 내가 열세 살이 될 때까지 그랬던 것보다 훨씬 많은 시간을 화면을 보면서 보냈을 거야. 책을 읽고 멋진 아지트를 만드는 데에는 나보다 시간을 덜 썼을 테고. 나는 1990년대 초부터 컴퓨터를 사용했고, 휴대 전화를 사용한 지는 20년 정도 되었어. (아마 사용한 시간 전체를 따지면 너보다 더 많을걸!) 내가 전자 기기로 하는 일은 너와 다르겠지만 우리는 모두 전자 기기를 다루는 데 능숙해. 몇몇 기능은 네가 나보다 더 잘 다루겠지만 내가 너보다 잘 다루는 기능도 있을 거야. (경쟁하자는 건 아니야!)

아무튼 내가 하고 싶은 말은, 너는 전자 기기와 스마트폰이 존재하지 않았던 시절을 알지 못한다는 거야. 그런 탓에 너는 전자 기기가 그저 보조 도구일 뿐이라는 사실을 잊고 있을 가능성이 커. 청소년들은 전자 기기를 꼭 자기 팔에 매달려 있는 것처럼 사용하니까. 그래서 기기를 내려 놓기 어려울 수 있어. 또한 전체 인생에서 전자 기기를 사용하면서 보낸 시간의 비율이 (햇수로는 길지 몰라도 비율로 따지자면 40퍼센트 정도인) 나보다 훨씬 높겠지. 거의 100퍼센트에 가까울걸? 그러니 네가 전자 기기를 사용하는 습관은 아주 깊게 뿌리내렸을 거야. 하지만 우리는 습관을 다시 만들 수 있어. 나도 어른이 된 뒤에 내 뇌를 훈련해서 컴퓨터를 사용하게 되었잖아? 너도 뇌 속 배선을 재조정해서 전자 기기를 지금보다 훨씬 건강한 방식으로 사용할 수 있을 거야. 네가 원한다면.

십대가 성인보다 집중력이 떨어진다는 증거도 있긴 해. 정신을 집중하려면 전전두피질이 작동해야 하니 일리 있는 말이야. 하지만 사람은 모두 관심 있는 것에 더 많이 집중하고, 스트레스를 받을 때는 집중력이 떨어진다는 사실을 잊지 말도록!

건강하고 사회적인 뇌를 갖는 법

SNS와 전자 기기에 푹 빠진 뇌가 제대로 작동하기를 원한다면 이렇게 해 봐. 앞부분에서 솔이 겪었던 것 같은 문제를 해결할 수 있을 거야. 아, 솔의 엄마처럼 행동하는 어른들을 보면 그분들께도 알려 드리자! 아마 그분들께도 필요할 거야.

♡ 자신을 돌보는 연습을 하자. 인터넷이나 SNS를 하다가 기분이 상하는 일이 있다면(기분이 상한다는 건 옳지 못한 콘텐츠를 보게 되는 경우가 대부분일 텐데 옳지 못한 콘텐츠에 대한 기준은 분명히 세우고 있어야 해) 화면을 끄고 다른 일을 하는 거야. 누군가와 만나도 되고, 책을 읽거나 영화를 봐도 돼. 산책을 하는 것도 아주 좋지! 화면 바깥에도 세상이 있잖아? 화면만 쳐다봐서는 경험할 수 없는 세상이.

♡ 쉽게 접근하자. 초콜릿을 덜 먹겠다고 결심했다면 눈앞에 있는 초콜릿부터 없애야 하지 않을까? (먹어 없애는 건 안 되겠지?) 스마트폰을 덜 하고 싶다면 스마트폰을 보이지 않는 곳에 둬야 해. 눈에서 멀어지면 마음에서도 멀어지기 마련이라는 말 들어 봤지?

♡ 중요한 일을 할 때는 그 일에 온전히 집중하자. 전자 기기를 치우고 사용하지 않는 프로그램은 닫는 거야. 한 가지 일에 온전히 집중하는 즐거움을 경험해 봐. 과제나 일도 더 많이, 더 잘하게 될 거야. 자존감이 높아지는 건 덤!

♡ 잘못된 신체 기준을 보면서 자신의 몸과 비교하지 말자. 우리가 온라인에서 접하는 사진들은 대부분 보정한 것이거나 고르고 고른 끝에 업로드한 거라는 사실, 잘 알지? 아마 그 사람도 자기 얼굴이나 몸에서 마음에 안 드는 부분을 숨기려고 꽤나 노력했을걸?

♡ 메시지를 보내기 전에 생각하는 시간을 갖자. 일단 감정이 잦아들 때까지 기다려 봐. 속상하거나 화가 날 때, 혼란스럽거나 지쳤을 때 메시지를 보내면 나중에 후회하게 돼. 다섯까지 숫자를 세 봐. 천천

히 호흡하는 것도 좋고. 몇 분, 몇 시간, 며칠 정도 시간을 갖고 나면 더 나은 결정을 내릴 수 있을 거야.

♡ 다른 사람에게 상처 주지 않는 결정을 하자. 너 자신에게도.

마지막으로 삶을 건강하게 가꾸기 위해 노력해 봐. 사람들이 스마트폰을 사용하게 되면서 전보다 덜 하는 중요한 활동이 있어. 무려 다섯 가지나. 모두 건강한 생활을 위해 반드시 필요한 활동이야.

♡ 잘 자기
♡ 운동을 하고 맑은 공기 마시기
♡ 얼굴을 맞대고 대화하기
♡ 오프라인 취미 만들기
♡ 긍정적으로 생각하고 꿈꾸기

적당한 전자 기기 사용 시간이 궁금하지 않아? 사람들이 물어보면 나는 이렇게 대답해. 과학적으로 정해진 시간은 없다고. 위에서 말한 다섯 가지 활동을 충분히 하고 있고, 자기가 할 일을 다 해 두었다면 얼마든지 화면을 들여다봐도 괜찮지 않을까?

나는 스마트폰 중독일까?

'중독'은 자신에게 해가 된다는 사실을 알면서도 무언가를 '지속적'이고 '강박적'으로 하는 상태야. '지속적'이라는 말은 단기간에 벌어지는 일이 아니라 한참 동안 계속된다는 의미고, '강박적'이라는 말은 그것을 사용하거나 해야만 한다는 심한 압박감에 사로잡혔다는 뜻이지. 즉, 무언가에 중독되었다는 건 그만두려고 시도를 하지만 스스로 통제하기 힘들거나 멈추고 싶은 마음이 들지 않는 상태를 말한다고 생각하면 돼.

간단한 테스트로 네가 스마트폰이나 전자 기기에 중독되었는지 알 수 있어. 이 테스트에서 '온라인'이라는 말은 스마트폰이나 인터넷으로 하는 모든 활동을 말해. SNS뿐만 아니라 친구에게 메시지를 보내는 것까지 말이야. 용기를 내서 도전해 봐! 문장을 읽고 얼마나 자주 하는지에 따라 A, B, C 중 하나를 고른 뒤 점수를 매기면 돼.

- ● A : 전혀 혹은 거의 없다
- ● B : 가끔 그렇다
- ● C : 자주 그렇다

① 처음 생각했던 시간보다 더 오래 온라인에 머무나요?

② 평소에 온라인에서 시간을 너무 많이 보내거나 온라인에 접속하고 싶어서 과제를 서둘러 한 적이 있나요?

③ 해야 할 일을 앞두고 메시지를 확인하나요?

④ 온라인 활동을 하는데 누군가가 말을 걸거나 어떤 요청을 할 때 벌컥 화를 내거나 짜증을 낸 적이 있나요?

⑤ 온라인에서 보내는 시간을 줄여 보려다 실패한 경험이 있나요?

⑥ 무기력하거나 우울하거나 긴장되거나 기분이 좋지 않다가 온라인에 접속하는 순간 그런 감정이 사라진 경험이 있나요?

⑦ 온라인에서 시간을 보내는 데 죄책감을 느껴 거기에 쓰는 시간을 줄이고 싶다고 생각한 적이 있나요?

⑧ 온라인 활동을 하다가 늦게 잠드는 편인가요?

⑨ 온라인에 머문 시간을 감추거나 속이려 하거나 필요한 일을 하는 척한 적이 있나요?

⑩ 온라인에서 지나치게 많은 시간을 보내다가 약속 시간에 늦거나, 늦을 뻔하거나, 무언가를 놓친 경험이 있나요?

B와 C라고 답한 문항이 몇 개나 돼? A는 0점, B는 1점, C는 2점으로 계산해 봐. 과학적으로 증명된 테스트는 아니라서 이 점수가

중독 여부를 정확히 보여 준다고 말하기는 어려워. 하지만 점수가 5점에서 10점 사이라면 자신의 습관을 잘 살펴보고 이 책에서 내가 알려 준 전략과 지식을 활용해서 온라인 활동을 조율할 필요가 있어. 10점이 넘는다면 나쁜 습관이 꽤 자리를 잡은 상태야. C로 답한 문항이 있다면 '아, 내가 건강하지 않은 습관을 가졌구나' 하고 경각심을 느끼고 생활 패턴을 조금씩 바꿔 봐.

아, 부모님께 이 테스트를 권해 봐도 좋아.

2장

나는 왜
엄마랑 말이
안 통할까?

- 들쑥날쑥 휘몰아치는 감정

나도 모르겠는 내 마음

이 시간은 학교에서 지루한 수업을 버틴 유일한 보상이다.

아 진짜 결정적인 순간에….

엄마는 정말이지 인생에 도움이 안 된다.

이게 다 뇌 때문이라고?

"저한테 이래라저래라 하지 말라고요! 아, 근데 용돈 좀 주실 수 있나요?"

맷을 소개할게. 맷의 엄마도 같이 만나 보자. 맷이랑 엄마는 자주 다투는데, 둘 다 그 이유는 모르겠다고 하네.

맷의 부모님은 요즘 걱정이 이만저만이 아니야. 모범생이었던 맷의 성적이 확 떨어졌거든. 맷은 영 기분이 좋지 않아 보이는데, 방에 틀어박혀서 뭘 하는지 도통 나올 생각을 하지 않아. 게다가 부정적이고 우울하고 섬뜩한 가사가 담긴 노래만 들어. 말이라도 걸려고 하면 벌컥 화를 내기 일쑤지. 대체 맷한테 무슨 일이 벌어지고 있는 걸까? 부모님은 애가 타서 죽을 지경이야.

맞아, 부모님은 맷을 걱정해서 그러는 거야. 그저 맷이 행복하기만을 바라는 분들이잖아? 뭐, 자기들에게 좀 더 상냥하면 좋겠고, 맷이 성공하면 좋겠고, 1등급만 받는 학생으로 자라서 멋진 직업을 얻기를 바라시기는 하지만. 아무튼 부모님은 맷을 걱정해. 다 맷을 아끼기 때문이야. 부모님에게 소리나 지르는 아이가 자라서 어떻게 제대로 세상을 살아가겠어? 맷이 나중에 회사에 들어가서 사장님한테도 소리를 지르면 어떡해? 맷이 제대로 된 직장도 못 얻고 백수가 되면 어떡하지? 부모님의 걱정은 꼬리에 꼬리를 물고 이어져.

고민 끝에 맷의 엄마는 맷과 대화를 나눠 보기로 했어. 얘기가 잘되면 엄마와 아들 간의 유대감이 돈독해질 수도 있잖아? 엄마는 맷의 방에 들어가서 오늘 하루 어떻게 지냈냐고 물어봐야겠다고 마음먹었어. 스트레스 주는 말은 일절 하지 않기로 하고.

엄마가 방문을 두드렸어. 대답이 없었지. 이번에는 좀 더 세게 두드렸어. 이런, 그래도 아무런 반응이 없네? 엄마는 맷의 이름을 부르면서 손잡이를 돌렸어. 엄마는 화가 났지만 애써 짜증을 누르고 맷을 불렀어.

"맷, 뭐 해?" 맷은 침대에 눈을 감고 누워 있었어. 헤드폰을 쓴 채로 침대 매트리스를 드럼처럼 두드리고 있었지. 책상 위를 살펴보니 하다가 만 과제가 펼쳐져 있었어. 희미한 불빛에 의지해 엄마는 과제의 제목을 읽었어. "맥베스는 자신의 몰락을 어디까지 통제할 수 있었을까?" 어라? 근데 맷이 쓴 것이라고는 고작 두 줄뿐이네? "윌리엄 셰익스피어의 희곡 『맥베스』에서 맥베스는 비극적인 몰락을 겪는다. 그건 전부 마녀들 탓이다. 마녀들은 그런 말을 하지 말았어야 했다." 세상에, 고작 그 두 줄 써 놓고 종이 가장자리에 낙서는 또 왜 그리 많이 해 뒀는지. 자세히 들여다보니 무섭게도 뱀들이 잔뜩 뒤엉킨 그림이야.

엄마는 타고 있는 향초를 안전한 장소로 옮기려다가 실수로 바닥에 놓인 탄산음료 캔을 걷어찼어. 맷이 눈을 떴어.

"여기서 뭐 해요? 나가요! 빨리 나가라고요!"

"알았어, 미안, 미안. 노크하고 들어온 거야."

"네, 그러시겠죠. 다음에는 노크 좀 크게 하세요."

"그냥 오늘 어땠냐고 물어보려고 왔어. 뭐 필요한 거 없니? 차라든가 다른 먹을 것 좀 가져다줄까? 숙제하면서 차를 마시면 좋잖아. 마음도 편안해지고, 잠도 깨고."

"저 지금 숙제하는 거 아니거든요?"

"에세이 어서 마쳐야 하는 거 아니니?"

엄마는 과제를 가리켰어.

맷이 헤드폰을 거칠게 벗더니 과장된 몸짓으로 침대에서 일어나 바닥에 내려와 섰어.

"엄마, 나가요. 과제 할 시간은 아직 많아요."

"언제까지인데?"

"며칠 남았어요. 뭐, 금요일까지인가 그래요."

"그것도 제대로 모르는 거니?"

"제가 알아서 할게요. 바보 취급 하지 말라고요."

62

"그래, 알았다. 그럼 다른 숙제라도 좀 하지 그러니? 내일까지 해야 하는 것도 있을 텐데. 숙제 같은 건 미리미리 해 두면 좋잖아. 매주 보는 프랑스어 시험도 있지 않니? 엄마가 시험 문제 내 줄까?"

엄마가 바닥에 쌓인 책 더미에서 책을 한 권 집어 들었어.

네가 그곳에 있었다면 맷의 몸이 화르륵 불타오르는 걸 봤을지도 몰라. 맷은 화가 머리끝까지 나서 주먹을 불끈 쥐었어.

"책 내려놔요, 엄마. 저 좀 내버려두라고요! 제가 알아서 할게요. 프랑스어도 모르면서 왜 그래요!"

"그래, 혼자 하겠다면 그렇게 하렴. 근데 정말 그럴 수 있겠니?"

"아, 지금 저를 못 믿겠다는 거죠?"

"아니, 나야 널 믿고 싶지. 그런데 지난주에 네 노트북에서 수학 선생님이 과제 안 했다고 보낸 메시지를 봤는데 어떻게 널 믿니?"

"그때 한 번뿐이었다고요!"

"그럼 그 전주는? 과학 수업 때도 그랬잖아!"

"그건, 엄마가 집안일을 시켜서 그런 거잖아요!"

"주말에는 너도 집안일을 하기로 했잖아!"

"왜 저만 그래야 해요? 다른 애들은 집안일 같은 거 안 한다고요! 대체 왜 집이 그렇게까지 깔끔해야 하냐고요. 엄마 혹시 청소

강박 그런 거예요? 친구들도 우리 집이 너무 깨끗하다면서 이상하다고 그런다고요. 엄마 병원 한번 가 봐요. 책에서 읽었는데 그런 것도 치료받아야 한대요. 정식 명칭도 있다고요. 그거 정신 질환이에요. 의사한테 가야 하는 병이라고요!"

"그만해! 엄마한테 그게 무슨 말버릇이니!"

엄마가 버럭 소리를 질렀어. 1층에서도 짜증스러운 고함이 들려왔어. 맷의 아빠였지.

"대체 무슨 일이야? 목소리 좀 낮춰!"

맷은 의기양양한 표정으로 엄마를 쳐다봤어. 엄마는 화가 머리끝까지 났어. 엄마는 그저 맷을 도와주려고 했던 것뿐인데 이런 사달이 나 버린 거야.

엄마는 맷이 벗어 놓은 양말을 집어 들고 방을 나왔어. 맷은 문을 쾅 닫았지.

"문 그렇게 닫지 마!"

엄마가 고함쳤어.

"저한테 이래라저래라 하지 말라고요!"

맷이 받아쳤어.

5분 뒤에, 맷이 1층으로 내려오더니 환하게 웃으며 말했어.

"토요일에 친구네 집에서 생일 파티가 있대요. 미용실 가야 하는데 돈 좀 주세요."

맷의 뇌에서는
무슨 일이 벌어지고 있을까?

전에는 말도 잘 듣고 공부도 열심히 하고 부모님에게도 상냥하고 고마워할 줄 알던 아이가 왜 방에 한번 들어왔다고 갑자기 활화산처럼 폭발하는 아이로 변한 걸까? (혹시 너도 그러지 않니?) 왜 아무것도 아닌 일에 벌컥 화를 내며 따지고 드는 걸까? 맷은 어쩌다 "왜 나만!"이라고 말하는 아이가 된 걸까?

전문가들은 아마 "호르몬 탓입니다"라거나 "부모로부터 떨어져 나와 독립적인 삶을 살고자 하는 자연적인 욕구 때문입니다"라고 말할 거야. 사실, 두 가지 다 어느 정도 맞는 말이야. 십대의 뇌에서 매우 특별한 일이 벌어지고 있는 건 사실이니까. 그것 때문에 십대의 뇌는 전과는 다른 방식으로 작동하는 거야. 심지어 십대의 뇌는 눈으로 보기에도 어린이의 뇌나 성인의 뇌와는 다르다고 해.

계속 읽어 나가기 전에 두 가지를 기억하자. 먼저, 십대들이라고 모두 감정적으로 힘든 시기를 겪지는 않아. 두 번째로, 십대들만 비이성적이고 감정적이고 변덕스럽고 따지려 들고 퉁명스럽게 굴지는 않아. 너도 잘 알겠지만 그런 어른들도 있는 게 사실이잖아? 인간은 감정적인 존재고 자기 감정을 조절하거나 이해하는 데 어려움을 겪어. 십대들은 훨씬, 자주 힘들어하는 게 문제지만.

맷과 맷 엄마가 벌인 말싸움에 대해서는 어떻게 생각해? 그리고 십대의 뇌 변화와 이 싸움이 대체 무슨 관련이 있는 걸까?

과학자들은 결론을 내리는 데 조심스러워 해. "십대의 뇌에서는 변화가 관찰되고 행동에서의 변화도 관찰되며, 이 둘은 분명 연관이 있으리라 추측하지만 어떤 방식으로 그런 일이 벌어지는지 정확하게 설명하기는 어렵습니다"라고 말하지. 뭐, 과학자들의 신중한 태도는 옳아. 과학자들은 신중해야만 하니까. 그럼 십대의 뇌에서 어떤 일이 일어나는지 자세히 한번 들여다보자. 정말 굉장한 일이 벌어지거든.

먼저, 봄이 되면서 나뭇가지가 가지를 뻗는 것처럼 십대의 뇌에서는 전전두피질에서 회백질이 갑자기 증가하는 모습을 볼 수 있어. 전전두피질이 어떤 부분인지 기억해? 바로 생각, 인과 관계, 논리, 의사 결정에 가장 많이 관여하는 부분이야. 이 일은 사춘기 시작 즈음인 10세와 12세 사이에 주로 일어나. 여자아이 같은 경우는 11세 때, 남자아이 같은 경우는 12세 때 회백질이 가장 많이 증가한대. 사실, 이 단계에서는 지나칠 정도로 많은 시냅스 또는 신경 세포의 연결이 발생해. (어린 아기의 뇌에서도 같은 일이 벌어져.) 그다음 단계로 가면 시냅스를 없애거나 '가지치기'를 하지.

사춘기 직전과 시작 무렵 급격하게 많아진 시냅스는 사춘기를 지나면서 규모가 줄거나 제거돼. 즉, 가지치기 작업을 통해 뇌에 필요 없는 연결들이 떨어져 나가는 거야. 과학자들은 이런 가지치기 작업이 가지가 자라는 과정보다 훨씬 중요하다고 말해. 실제 나무도 가지치기 작업을 하면서 가지의 수를 줄이고 남은 가지를 더 굵고 튼튼하게 자라도록 하잖아? 그거랑 같은 원리야. 16세나 17세쯤이 되면 너는 어른과 같은 수준의 시냅스를 가지게 될 거야. 한 살이나 두 살이었을 때는 그보다 두 배가량 많았지만.

가지치기를 하는 단계에서 너는 대뇌 피질에서 꽤 많은 양의 회백질을 잃어. 그런 다음, 뇌는 청소년기 후반과 성인기 초반 동안에 이 남은 가지들을 튼튼하게 가꿔. 축삭돌기를 튼튼하게 하기 위해서 외벽을 두껍게 만드는데, 이 과정을 '신경 섬유의 말이집 형성'이라고 부르지. 이 이야기는 7장에서 자세히 다룰 거야.

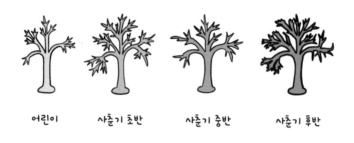

어린이   사춘기 초반   사춘기 중반   사춘기 후반

청소년기에는 뇌가 물리적으로 광범위하게 변해. 어른으로서의 삶을 앞두고 복잡한 방식으로 작동하기 위해 서로 다른 영역들이 동시에 리모델링에 들어가는 거야. 이런 대변동의 시기에 청소년이 힘들고 다양한 일을 겪는 건 당연해. 너도 겪어서 알다

시피, 청소년들은 다양한 스트레스를 받으면서 살아가잖아. 이런 다양한 압박이 청소년들을 더 감정적으로 만들고 때로는 감당할 수 없게 하는 거야.

연구자들은 이런 이론을 뒷받침하는 매우 흥미로운 사실을 발견했어. 과학자들은 십대의 뇌(특히 십대 초반)가 일반적으로 다른 사람의 표정을 보고 어떤 감정인지 판단하는 능력이 십대 후반과 어른보다 떨어진다는 사실을 알아냈어. 세라제인 블레이크모어 교수는 최근 진행한 연구에서 십대의 공감 능력을 조사했는데, 성인과 차이점이 있다는 게 드러났어. 미국에서 진행한 연구에서도 마찬가지였고.

연구자들은 십대와 성인에게 극심한 공포를 느끼는 여성의 표정을 보여 주고 실험 참가자에게 사진 속 여성이 어떤 감정을 느끼는지 물었다고 해. 이 실험에서 어른들은 모두 정답을 이야기했고 청소년 실험 참가자는 다수가 틀린 대답을 했지. 물론 어른들도 표정을 제대로 읽지 못하는 경우가 많아. 어른들도 완벽한 것은 아니고, 어떤 어른들은 그런 일에 서툴기도 하니까. 하지만 십대들에게 불리한 면이 있는 건 확실한 것 같아.

그리고 놀랍게도, 연구자들은 실험 참가자들의 뇌를 스캔하면서 대부분의 십대가 표정 사진을 볼 때 어른과는 다른 뇌 영역을 사용한다는 사실을 발견했어.

어른이 사진을 볼 때 활성화되는 뇌의 영역은 주로 전전두피질이었다고 해. 그곳은 이성적 결정을 돕는 영역인데, 엄마에게 용돈을 타야 하는 중요한 순간에 "저한테 이래라저래라 하지 말라고요!"라고 말하면 안 된다고 알려 주는 역할을 해.

그런데 청소년들이 사진을 볼 때 활성화되는 뇌의 영역은 편도체였어. 크기가 아주 작은 이 영역은 본능적 반응, 날것의 감정과 연결되어 있지. 편도체는 아기일 때 발달을 마치는 영역이기도 해. 논리가 아니라 본능으로 작동하는, 생각과는 전혀 상관없는 부분이야.

이런 흥미로운 행동을 발견한 연구자는 데버라 유르겔룬토드 박사인데, 이분은 이런 특징 때문에 십대들이 주변 어른의 표정을 읽는 데 어려움이 있을지도 모른다고 설명해. 어른이 걱정하거나 근심하는 표정을 지을 때 화가 났다고 생각할 수도 있고, 단순히 놀랐는데 불쾌해한다고 생각할 수도 있다는 거야. (혹시 비슷한 경험 한 적 없어?) 유르겔룬토드 박사는 남자아이들이 여자아이들보다 표정을 읽는 일에 조금 더 서툰데, 남자아이들이 감정을 자극하는 편도체를 더 적극적으로 사용하는 것 같다고 연구 결과를 발표했어. 그 뒤로도 여러 연구자들이 청소년들이 타인의 감정을 알아보는 능력을 확인하는 실험을 했어. 물론 모든 연구 결과에서 그 차이가 같은 정도로 나타나지는 않았지만, 11세와 12세의 아이들이 더 나이 많은 청소년들보다 감정을 읽는 데에 느리고, 그 능력은 십대 시기를 거치면서 향상된다는 증거를 확인했지. 참, 십대들이 분노나 공포 같은 부정적인 감정 때문에 자주 힘들어한다는 증거도 있어.

그렇다고 해서 '십대들은 논리적이기보다 감정적으로 대응한 다'라는 식으로 결론 지어서는 안 돼. 뇌를 이해하기란 쉽지 않거 든. 오히려 이런 식으로 이해하는 게 맞을 것 같아. '십대들이 타 인의 감정을 잘못 이해할 때는 뇌의 다른 영역을 사용했기 때문 일 수 있다.'

자, 이제 이런 생각이 들 거야. 현재 맷의 뇌 상태가 맷이 엄마 의 얼굴과 목소리를 해석하는 방식에 영향을 미치는구나. 맷은 엄마의 신호를 제대로 읽어 내지 못하는 거네? 사실 엄마는 맷을 걱정하고, 돕고 싶어 하고, 맷이 최선을 다하길 바라는데, 맷은 그 걸 제대로 이해하지 못했네? 맞아. 물론 엄마의 잔소리가 좀 심하 기는 했지. 그렇지만 맷의 뇌는 엄마가 정말 하려는 말을 알아듣 지 못한 거야. 그래서 해야 할 일을 하지도 않았고. 맷이 해야 할 일은 과제를 기한 내에 마치는 거였잖아? 사실 엄청나게 어려운 일도 아니야. 하지만 맷은 자기 영역이 침범당했다고 느끼고는 벌 컥 화를 내고 "저한테 이래라저래라 하지 말라고요!"라고 소리치 는 본능적 반응을 보였지.

맷의 행동을 다른 식으로도 설명할 수 있어. 청소년기 때는 어 른의 보호에서 분리되면서 자기 인식이 더욱 커지기 때문에, 다 른 사람이 나를 어떻게 생각할지에 대한 불안이 커지고 누군가가 나에게 화를 낼지도 모른다는 생각에 걱정도 많아져. 그래서 전보다 분노나 적대감을 인식하는 데 예민해.

한편, 부모님들 역시 감정적으로 반응할 수 있고 화내고 비논리적이고 짜증 내고 제멋대로일 수 있다는 사실을 기억하자. 품위 있는 분들이라면 후회하겠지. 십대 자녀와 언쟁을 벌이는 동안 부모님의 뇌에서 무슨 일이 벌어지는지 fMRI를 찍어 보면 흥미로울 것 같지 않아?

맷의 뇌에서 어떤 일이 벌어지고 있는지 파악하기 위해 생각해 볼 만한 이론은 이거야. 십대 초반의 뇌에서는 구조적인 변화가 일어나. 먼저 연결망의 수와 밀도가 증가해. 실제로 필요한 것보다 훨씬 많은 양이고, 이런 현상은 주로 전전두피질에서 일어나지. 그런 다음 가지치기 작업이 대대적으로 이루어지는데, 몇몇 영역에서는 연결망이 사라지고 다시 새롭게 연결되기도 해. 이 작업이 어떤 식으로 이루어지는지는 아직 알려지지 않았어. 맷의 뇌는 아직 신경 섬유의 말이집이 강화되는 마지막 단계에 도달하지 않았어.

맷의 행동은 이런 변화에 영향을 받은 걸 거야. 맷이 경험하는 강렬한 감정과 불안의 원인이기도 할 거고. 개인적인 의견을 말하자면, 나는 맷이 이런 상황을 이겨 낼 방법은 없다고 생각해. 결국 우리가 특정한 방식으로 감정을 느끼는 원인은 '뇌'에 있으니까. (그러니까 지금 맷과 비슷한 행동을 했다고 해서 너무 자기 탓은 하지 않기로 하자!)

무엇보다 맷은 우정, 학업, 시험, 미래에 대한 두려움 등등 인생에서 마주하는 다양한 일로 스트레스를 받고 있어. 부모님들은 뭐 그런 걸 가지고 나약하게 스트레스를 받냐고 핀잔을 주지만 청소년들에게는 너무나 풀기 어려운 문제들이 많아. 너도 알겠지만 스트레스는 우리를 초조하고 짜증이 잘 나는 상태로 만들지. 맷의 뇌 상태를 보면 변덕을 부릴 가능성도 아주 커.

감정적인 뇌의 차이점
- 십대 vs. 성인

요즘 나오는 연구 결과를 보면, 감정적인 상황을 생각할 때 십대와 성인의 뇌가 차이를 보인다고 해. 예를 들어, 사회적으로 난처한 상황을 생각할 때 십대와 성인은 각각 다른 영역을 사용한다는 거야. 몇몇 활동에서는 성인보다 십대의 전전두피질이 훨씬 활성화된다는 연구 결과도 있어. 청소년의 전전두피질이 생기 없이 가만히 있지만은 않는다는 거겠지? 좋은 결정을 하기 위해 열심히 일하기는 하지만, 어른들의 뇌와는 다른 방식으로 작용해서 다른 결과를 낼 뿐이야.

호르몬

호르몬을 살펴볼까? 호르몬은 어른들이 아주 오랫동안 십 대의 들쑥날쑥한 기분 변화의 원인으로 지목했던 신경 전달 물질이야. 호르몬의 정의를 한번 알려 줄게. 호르몬은 혈액 속으로 분비되어 특정한 표적기관의 수용체에 결합하여 반응하는 물질이며, 정상적인 대사 과정의 속도를 증가시키거나 감소시키는 데 작용하여 신체의 항상성(체온, 혈당 등)을 유지하게 해 줘. 호르몬에 책임이 있다는 점은 분명해 보여. 호르몬은 기분과 행동에 직접적으로 영향을 미치거든. 성호르몬은 십대의 신체에 영향을 미쳐서 불과 몇 년 만에 어린이를 어른으로 변하게 하지. 과학자들 말에 따르면 호르몬이 청소년 뇌의 물리적 구조를 바꿀 수도 있대.

그런데 무엇이 호르몬을 조절하는 걸까? 바로 뇌야. 정확히 무엇이 사춘기를 시작하게 하는지는 확실하지 않지만 그 시기가 되면 뇌에 있는 무언가가 호르몬을 분출시킨다는 점은 확실해. 뇌속 호르몬과 십대 시기의 변화는 아주 복잡한 방식으로 연결되어 있어. 확실한 점은 뇌와 호르몬 모두 청소년기에 특히 중요한 영향을 미친다는 거야.

여기서는 이 정도만 알아보고 호르몬에 대해서는 5장에서 더 자세히 살펴보도록 하자.

우리는 왜 청소년기를 겪을까?
인간의 청소년기가 다른 동물보다
훨씬 긴 이유는 무엇일까?

원숭이나 쥐 같은 다른 포유류도 청소년기를 겪는다고 해. 미국에서 짧은꼬리원숭이에 관한 대규모의 연구가 진행되었는데, 인간과 마찬가지로 포유류도 청소년기에 신경 세포와 시냅스를 가지치기한다는 사실을 밝혀냈어. 다만, 연구 대상이었던 포유류들은 인간보다 짧게 청소년기를 겪었다고 해. 붉은털원숭이 암컷은 18개월에서 48개월 사이일 때 사춘기가 시작되어 성체로 자라는데, 수면 패턴이 바뀌고 위험한 행동을 일삼고 또래 원숭이들과 어울려 많은 시간을 보내기도 했다는 거야. 어때? 너희와 비슷하지 않아? 어쩌면 원숭이들도 부모님에게 험한 말을 할지도 몰라. 우리가 알아듣지는 못하겠지만.

우리가 사는 사회도 청소년기의 길이에 영향을 끼쳐. 청소년일 때부터 집 밖으로 나가서 일해야 하는 곳에서는 십대의 독립이 일찍 이루어져. 2005년 출간한 이 책의 초판에서 나는 당시 과학자들의 주장에 따라 청소년의 뇌 발달이 마무리되는 평균 나이가 23세라고 썼어. 그런데 요즘 과학자들에 따르면 뇌 발달이 마무리되는 나이는 23세가 아니라 20대 후반이라는 거야. 어째서 이런 차이가 발생하게 된 걸까? 대부분의 뇌 영상 촬영 기법이 선진국의 십대들에게 행해진다는 점이 혹시 이런 차이를 만든 건 아닐까? 이런 나라들에서는 청소년을 오랫동안 보호하니까 뇌가 발달하는 기간이 길어진 걸 수도 있잖아. 검증된 것은 아니지만 충분히 설득력이 있어. 만일 그렇다면 그건 좋은 일일까, 나쁜 일일까? 네 생각은 어때?

인간은 왜 다른 동물에 비해 상대적으로 긴 청소년기를 거치는지, 왜 청소년기에는 감정 기복이 심한지에 관한 몇 가지 이론이 있어. 여기서 제시하는 이론들은 서로 밀접하게 연관되어 있어. 예를 들면 '진화'가 그 원인이라고 했을 때, 진화는 생물학적으로 우리 몸에만 영향을 끼치는 게 아니라 우리가 사회에서 행동하는 방식이나 문화까지 바꿔 놓거든. 그러니 이 이론들을 개별적으로 생각하지 말고 통합적으로 바라본 뒤 네 생각을 정리해 봐.

이론 1 진화의 결과다

진화 생물학자는 이렇게 질문하는 사람들이야. '이러한 결과가 나타난 것은 분명히 초기 인류에게 이로워서였을 거야. 어떤 점에서 그랬을까?' 진화 생물학자들은 청소년기가 긴 이유를 이렇게 설명해. '초기 인류가 살았던 사회의 시스템은 다른 동물 집단보다 훨씬 복잡했기 때문에 필요한 기술을 배우기 위해 더 많은

시간이 필요했을 것이다.'

이론 2   문화의 영향이다

　이렇게 말하는 어른들이 있어. "하아, 나 때는 안 그랬는데 세상 많이 변했네. 나 때는 말이야, 청소년이라고 짜증을 낸다? 있을 수도 없었다 이 말이야. 우리 때는 어른들이 시키는 대로 군소리 없이 다 했지. 요즘 애들이 저렇게 버릇없이 구는 건 규제가 없어서야. 나 때는 어른들 허락 없이는 TV도 못 봤어. 사춘기 애들이랑 실랑이할 일도 없었다고."

　소크라테스가 청소년들에 대해 한 말이 있어. "요즘 애들은 사치스럽습니다. 버릇이 없고, 권위를 무시하고, 어른들을 존경하지 않고, 행동하기보다 말하기를 좋아합니다." 지금으로부터 2500년 전에 한 말이지. 셰익스피어도 10세에서 23세의 사람들을 부정적으로 언급했지. 1905년에 사회학자 G. S. 홀은 지금 너희가 겪는 시기를 '질풍노도'라고 표현했어. 청소년기가 독특하고 힘들다는 의견은 아주 오래전부터 있었어.

이론 3   독립을 위해 필요하다

　모든 동물은 때가 되면 부모를 떠나 스스로 삶을 꾸려 나가야 해. 그런데 일반적으로 부모님은 우리가 집에서 편히 지낼 수 있도록 노력하잖아. 만약 십대가 부모님이나 보호자에게 짜증을 내거나 무례한 태도를 보이지 않는다면 언제까지고 그분들과 함께 살게 될지도 몰라.

사실, 너를 돌보는 어른에게서 떨어져 나가는 일은 성장하는 데 꼭 필요한 과정이야. 나중에 완전히 독립하고 나면 싸울 일도 없을 테니까 다시 그분들과 잘 지낼 수 있겠지. 아마 그때쯤이면 함께 식사를 하자며 네가 어른들을 찾아가게 될 거야.

독립에 대한 욕구는 십대들이 부모의 생각보다 친구의 생각을 더 중요하게 여기는 이유를 설명해 주기도 해. 최근 진행된 연구에 따르면 십대들은 함께하는 친구들이 누구인지에 따라 사용하는 뇌의 부위도 다르고 어떤 의사 결정을 내리는지도 달라진다고 해. 십대에게는 친구가 전부야. 집을 떠나면 친구가 필요한 게 당연하잖아. 이 내용은 1장에서 다룬 것이기도 해. 인간은 사회적인 존재고, 친구와 어울리는 일은 당연해. 사실, 독립을 향한 이런 욕구는 청소년기의 가장 중요한 특징이야. 거의 핵심이라고도 할 수 있지. 독립은 네 부모님과 너에게 마음을 쓰는 모든 어른이 결국 원하는 바이기도 해. 다만 네가 22세에 독립하려면 14세쯤부터는 어른을 화나게 하거나 짜증 나게 해야 한다는 걸 그분들이 못 깨닫는 게 문제라고나 할까….

청소년기의 뇌는 많은 변화를 겪는 탓에 효율적으로 작동하지 못해. 생각해 보면 당연하지. 청소년기에 일어나는 많은 일들은 그런 변화의 부작용인 셈이고.

어떤 이론이 가장 흥미롭니? 진화? 문화? 독립을 향한 노력? 아니면 세 가지 다?

십대의 방이 십대 뇌를 보여 준다고?

네 방의 상태는 어때? 왜 그런 걸 물어보냐고? 이 책 초판에서 나는 십대의 방에 대한 얘기는 하지 않았어. 별로 중요한 것 같지도 않았고 내가 상관할 일이 아니다 싶었거든. 그러다 문득 십대의 방에 대해 얘기하면 꽤 재미있겠다는 생각이 들었어.

- ♡ 십대들은 대개 작은 방에서 생활하는데, 가지고 있는 물건은 아주 많아. 그런 방에서 많은 일들을 해야 하니 방이 쓰레기장과 비슷해지는 건 어찌 보면 당연한 일이야.
- ♡ 십대들은 방을 치우는 것보다 훨씬 중요한 일, 스트레스 받는 일들이

많아. 네 생각도 그렇지?

♡ 방이 더러운 걸 좋아하는 사람은 없을 거야. 하지만 방을 깨끗하게 치우고 유지하는 데는 노력이 필요하고 사실 이건 만만한 일이 아니야. 마술 지팡이라도 가지지 않은 이상 쉽지 않지.

♡ 지저분한 방은 우리가 내린 사소한 결정이 쌓여서 만들어 낸 결과라고 할 수도 있어. '지금 당장 치우기 vs. 일단은 바닥에 놔두고 다음에 치우기'. 무엇을 선택하겠니? 첫 번째 선택은 재미도 없고 마음이 끌리지도 않을뿐더러 성가셔. 두 번째 선택은 쉬워. 특히 '다음에 치워야지'라고 생각하면 현실감이 사라지니 더 생각할 가치도 없어. 즉, 지금의 감정적 끌림과 상관없는 일이 되지. 지저분해지지 않도록 지금 물건을 치워 두자는 식으로 미래를 내다보고 결정을 내리는 건 뇌의 어떤 영역이더라? 그래, 전전두피질이야. 너의 뇌는 그 부분이 아직 완전히 발달하지 않았지.

♡ 방을 어지르는 건 부모님을 짜증 나게 하기 딱 좋아. 방이 더러운 건 사실 사소한 일이야. 흡연, 음주, 성관계, 과제 등등 부모님을 걱정시키는 다른 문제에 비하면 별거 아니지.

지저분한 방은 감정적이고, 혼란스럽고, 반항기 가득하고, 스트레스에 짓눌리고, 현재에만 관심이 있는 네 마음의 거울일지도 몰라. (아니면 방이 더럽든 말든 진짜 신경을 안 쓰는 걸지도?)

청소년기를 어떻게 보내야 할까?

그럼 우리는 이런 청소년기를 어떻게 보내야 할까? 청소년기가 끝날 때까지 기다리는 게 답이라는 생각이 들지도 몰라. 그런데 잘 생각해 보면 네가 할 수 있는 일은 아주 많아. 청소년기가 오지 않도록 막는 일만 빼고. 조금만 다른 시각으로 보면 청소년기를 충분히 잘 보낼 수 있어.

- ♡ 이 시기를 즐기자. 축하하는 거야. 부정적으로 볼 이유가 뭐가 있어? 이 시기를 감정적으로 보내는 것 같다 해도 괜찮아. 감정이 없으면 인간이라고 할 수 없거든. 제대로 된 결정도 내리지 못할 테고.

- ♡ 논리가 우리의 전부인 것은 아니야. 리처드 사이토윅이라는 뇌 과학자는 『모양을 맛보는 사람』(The Man Who Tasted Shapes)이라는 책에다 동물의 세계에서 관찰한 놀라운 사실을 적어 뒀어. 호주 개미핥기의 전두피질은 유달리 큰데, 비율로 따지면 인간의 전두피질보다 훨씬 커. 뇌의 크기로만 따지면 천재 중에서도 상위권이어야 해. 하지만 이 동물은 세계를 정복하지 못했어. 달에 가지도 못했고 초소형 카메라를 개발해서 혈관 속을 들여다보지도 못해. 대체 뭐가 문제였을까? 왜 그 커다란 뇌를 개미 잡아먹는 일 말고는 다른 데에 사용하지 않는 거지? 알고 보니 호주 개미핥기는 변연계가 거의 발달하지 않았다는 거야. 변연계는 감정 반응에 아주 중요한 영역이야. 호

주 개미핥기는 꿈을 꾸지 않아. (아마 개미에 관한 꿈도 안 꿀걸?) 호주 개미핥기는 감정을 거의 느끼지 못할 거야. 아주 흥미로운 부분이지. 감정은 사실 인생을 사는 데 아주 중요한 건지도 몰라.

♡ 네 인생에 영향을 미치는 어른들에게 이 책을 권하자. 이 책을 읽으면 그분들도 금세 무슨 일이 벌어지는지 이해할 거야. 너에게 공감해 주고 이치에 맞는 말과 행동을 하게 될 거야. (근데, 어른들이 이렇게 말할 위험성이 있기는 해. "괜찮아. 너에게 합리적인 결정을 기대하지는 않는단다. 뇌가 가지치기하는 중이잖아. 네가 다 자랄 때까지는 내가 정한 규칙을 따르렴.")

♡ 지금 무슨 일이 벌어지고 있는지를 인식하고 이해하자. 청소년기는 꼭 필요하고 언젠가는 지나간다는 사실을 인정하는 거야. 누가 뭐라고 말하든, 어떻게 생각하든, 네가 끔찍한 사람이라는 뜻은 아니야.

♡ 너 자신과 너의 뇌를 친절하게 대하고 존중하자. 청소년기에는 누구나 스트레스를 받아. 그건 코르티솔이라는 스트레스 호르몬이 하루에도 몇 번씩 분출되기 때문이야. 스트레스가 우리에게 해만 끼치는 건 아니야. 스트레스는 우리가 여러 가지 일을 제대로 잘 해낼 수 있도록 돕는 역할도 하거든. 하지만 지나치면 좋지 않지.

♡ 청소년기는 결국 우리에게 도움이 될 테고, 우리 모두에게 벌어지는 '자연스러운' 현상이라는 사실을 기억하자. 그리고 (아마 이런 말은 별로 듣고 싶지 않겠지만) 네가 노력할수록 뇌는 더 빨리 바뀌리라는 것도.

- 우리 뇌는 노력을 통해서 발달하고 개선돼. 청소년뿐만 아니라 어른들도 마찬가지야. 그러니까, 다음에 부모님이 뭔가를 잘못하면 부모님에게도 이 사실을 말씀드려. (부모님에게 말해 봤는데 소용없더라도 나를 탓하지는 말아 줘.)
- 우리는 모방을 통해서도 학습하기 때문에 네 주변의 어른들이 좋은 본보기를 보일 필요가 있어. 이것도 말씀드려.

십대의 뇌에 관한 놀라운 사실들

● 청소년기에는 전두피질에 변화가 많아. 전두피질이 발달하면서 일어나는 가장 중요한 과정은 가지치기야. 가지치기를 하는 동안 뇌는 뉴런 간의 불필요한 연결을 제거하고 뇌는 좀 더 효율적인 통신이 가능해지게 되지. 이 가지치기 과정은 중요한 신경 경로를 강화하고 인지 기능을 개선하도록 도와줘.

● 신경 세포가 많다고 해서 뇌가 잘 기능한다는 뜻은 아니야. 예를 들면 '취약 X 증후군'이라는 게 있어. 신경 세포가 너무 많아서 문제가 생기는 경우지. 가지치기가 잘되어서 적절한 규모를 갖추고 있고, 효과적으로 일할 통로가 마련된 상태여야 좋은 뇌라 할 수 있어.

● 신경 세포 끝이 다른 신경 세포와 만나는 부위인 시냅스는 매우 작은 틈으로 이루어져 있어. 20만 분의 1밀리미터 정도라고 해.

● 전전두피질은 인간 뇌의 29퍼센트를 차지하지만 고양이의 경우에는 3.5퍼센트 정도야. 우리가 공감 능력, 논리, 추측, 문제 해결 등 다방면에서 고양이보다 더 영리한 이유가 있는 거야.

성인이 전전두피질에 손상을 입으면 어떤 일이 벌어질까?

● 사회성을 상실해서 과잉 대응을 하거나 언쟁을 자주 벌여.

● 상황에 어울리지 않는 말을 할 때가 많아.

● 이야기의 교훈을 파악하는 데 어려움을 겪어.

● 미리 계획하거나 자기 행동이 어떤 결과를 낳을지 예상하는 능력을 잃어버려. 그래서 위험한 일을 벌이기 쉽지.

자신에게 해당되는 내용이 몇 개나 돼? 조금 많아도 괜찮아. 아직 전전두피질이 완전히 발달하지 않아서 그런 거니까. 이 부분에 대해 생각하고, 조금씩 노력한다면 금방 좋아질 거야. 긍정적으로 생각하자!

재미로 해 보는
공감 능력 테스트

공감 능력에 대해 들어 봤지? '공감 능력'이라는 신조어는 2010년
대 이후 대한민국에서 사용되기 시작해 다양한 상황에서 자주 쓰이
고 있어. 공감 능력은 타인의 상황과 기분을 느낄 수 있는 능력을 말
하지. 문자적인 의미로는 다른 사람에게 '감정을 이입한다'(feeling
into)는 뜻이야. 다음 체크 리스트를 통해 자신이 얼마나 공감하고
있는지 확인해 봐. 공신력 있는 체크 리스트는 아니지만 실생활에서
자신이 얼마나 공감하고 있는지 어렴풋이라도 느낄 수 있을 거야.
스스로 공감 능력을 테스트해 볼 수 있는 질문과 답을 만들어 보는
것도 재미있을 것 같아. 빈 공간에 너만의 테스트를 한번 만들어 봐.

1 나 아침부터 엄마랑 대판 싸움.

① 아고 어쩌냐. 급식 먹고 아샷추 때리러 가자!

② 나도 오늘 싸웠는데, 아 집 나가고 싶다.

③ 넌 왜 만날 그러냐? 나처럼 사이좋게 좀 지내라.

2 나 버스에 지갑 두고 내림

① 몇 번째냐…

② 헐. 버스 회사에 전화했어?

③ 지갑에 얼마 들었는데?

3 나 좀전에 수진이한테 차임.

① 수진이가 뭐라는데? 다시 이야기해 보면 안 돼?

② 그럴 줄 알았다.

③ 차일 수도 있지, 뭐. 나도 맨날 차이잖아.

4 나 어제 길 가다 넘어져서 인대 늘어남.

① 이제 제대로 걷지도 못하냐?

② 앗 ㅜㅜ 깁스 얼마나 해야 함?

③ 나도 인대 늘어나 봤는데 별거 아님.

5 이번 모의고사 개망함.

① 모의고사잖아. 담번에 만회하면 되지. 코노나 가자.

② 너 지난번에도 개망하지 않았어?

③ 너 때문에 우리 반 평균이 그 모양이구먼?

6 나 할 말 있는데 오늘 저녁 시간 됨?

① 또 지지리 궁상 떨려는 거 아님?

② ㅇㅋ. 안 좋은 일은 아니지?

③ 나 학원 가는 거 모르냐?

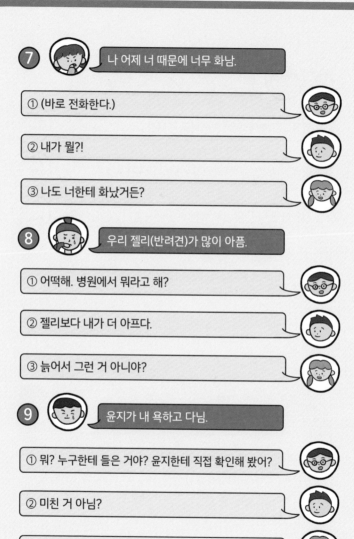

7 나 어제 너 때문에 너무 화남.

① (바로 전화한다.)

② 내가 뭘?!

③ 나도 너한테 화났거든?

8 우리 젤리(반려견)가 많이 아픔.

① 어떡해. 병원에서 뭐라고 해?

② 젤리보다 내가 더 아프다.

③ 늙어서 그런 거 아니야?

9 윤지가 내 욕하고 다님.

① 뭐? 누구한테 들은 거야? 윤지한테 직접 확인해 봤어?

② 미친 거 아님?

③ 잘못 들은 거 아니야? 그럴 리 없음.

자퇴하고 싶음.

① 검정고시 개어려움. 그냥 학교 다녀라.

② 아 왜… 무슨 일이야? 이따 만나서 이야기하자.

③ 자퇴하면 나락 아님?

정답

정답이라기보다는 타인에 대한 공감 능력이 높은 사람들이 이렇게 답할 거라고 고민하고 내린 나의 결론이야. 친구와의 친밀도에 따라 답이 달라질 수도 있다는 사실 기억해 줘.

1. ①   2. ②   3. ①   4. ②   5. ①   6. ②   7. ①   8. ①
9. ①   10. ②

3장

나는 왜
밤에
잠이 안 올까?

- 불면증과 늦잠 사이

불면증인데 아침잠이 많아요

잠을 4시간밖에 못 잤으니
몸이 무겁고 기분이 꾸리꾸리 할 수밖에.

매일 반복되는 미라클 모닝^^

난 오늘도 수업 대신 숙박을 택했다.

저녁을 먹고 나니 본격적으로
에너지가 뿜뿜 돌기 시작한다!

> ◇◇ "저는 아무래도
> 야간 학교가 맞는 것 같아요.
> 밤만 되면 쌩쌩해져요." ◇
>
> 샘을 소개할게. 밤에는 깨어 있고 낮에는 졸기 일쑤야. 라이프
> 스타일이 부엉이를 닮았어.

샘은 아침에 일어나는 데 애를 먹어. 아빠가 와서 깨워야 간신히 일어나지. 오늘 아침에도 벌써 두 번이나 깨우러 왔어. 샘은 아빠에게 짜증을 냈어. 아저씨 땀 냄새며 북슬북슬한 다리털이 왜 그렇게 거슬리는지 몰라. 엄마는 어떻게 아빠랑 같은 침대에서 잘 수 있는 걸까? 뭐, 아빠로서는 괜찮아. 멀리서 볼 때는 그렇다고. 물론 샤워를 한 뒤여야겠지. (아니면 냄새 나니까.) 손에 지갑을 들고 있다면 더더욱 좋고.

아빠는 10분 전에도 깨우러 왔다는데 샘은 아빠가 방에 들어오는 소리도 듣지 못했어. 학교에 늦는다고 소리치는 것도 못 들

었고. 아빠는 분명히 일어나겠다는 대답을 들었다는데 말이야. 샘의 뇌가 자동 응답 기능을 사용했나 봐. 샘의 동생은 벌써 옷을 입고 주방으로 내려가서 강아지에게 사료를 주고 있어. 남동생도 넌더리가 나기는 마찬가지야. 열두 살인데, 갑자기 입안에 있던 음식을 뱉지를 않나, 먹을 때 입을 쩍쩍 벌리지를 않나, TV를 보는데 갑자기 냄새나는 발을 소파에 올리지 않나, 아무튼 뭘 하든 역겹기 짝이 없지. 또 샘이 컴퓨터를 하면 옆에 와서 기대는데 그때 피부에 닿는 입김이며, 발 각질을 뜯는 더러운 버릇이며, 킁킁거리면서 콧물을 삼키는 소리며, 도저히 예뻐하려야 예뻐할 수가 없어.

샘의 뇌가 믿는 바에 따르면 지금은 아침이 아니고 한밤중이야. 샘은 새벽 2시까지 깨어 있었는데, 아직 잠든 지 다섯 시간밖에 지나지 않았거든. 지금이 절대 아침일 리 없어.

샘은 다시 잠에 빠져들었어. 그런데 누가 다시 어깨를 잡고 흔들었어. 샘은 신음 소리를 냈지. 누가 자기를 이렇게 흔들었는지 보니 엄마야. 여기는 어디? 왜 엄마가 여기 있지?

"당장 일어나! 안 그러면 지각이야."

"어어…. 알겠어요."

"지금 안 일어나면 분무기 공격 들어간다!"

"으으으으응. 일어난 거 맞다고요오오!"

엄마가 방을 나갔어. 샘은 5분 정도 더 뒤척이다가 몸을 일으켰어. 여전히 눈을 감은 채로.

침대에 앉은 채로 '1초만 더…'라고 생각했지만 실제로는 20분을 더 그러고 있었어. 엄마, 아빠가 번갈아 가면서 샘에게 소리를 질렀어. "늦게 자니까 그렇게 못 일어나지!" 샘은 간신히 눈을 떠서 시계를 봤어.

"아, 진짜! 왜 아무도 안 깨웠어요?"

샘은 학교에서도 하루 종일 피곤해. 수학 시간에는 선생님 말에 집중하지 못했고, 물리는 원래 싫어하니까 패스. 역사 시간에는 대놓고 자느라 숙제가 뭔지도 못 들었어. 점심시간 때 잠깐 반짝했다가 프랑스어 수업 때는 다시 비몽사몽 헤맸지.

3시쯤 되자 정신이 좀 들었어. 아마 수업이 끝나서인지도 몰라. 집으로 돌아온 샘은 설탕 범벅인 탄수화물 덩어리 과자를 먹고 유튜브 영상을 보면서 대충 숙제를 끝냈어. 그런 뒤에는 편안히 앉아서 틱톡에 올라온 영상을 하나하나 확인했고.

그다음에는 귀찮지만 가족들끼리 같이 저녁을 먹을 시간이야. 샘은 잠깐 짬을 내서 앞으로 몇 시간을 더 버틸 연료를 충전하기로 해. 식탁에서 많이 투덜대고 묻는 말에는 입을 꾹 닫을수록 가족들은 더 빨리 샘을 놓아줄 거야. 접시를 세게 내려놓거나 설거지를 한답시고 나섰다가 그릇을 깨트리기라도 하면 부모님은 샘에게 잔소리를 퍼부으면서 그냥 놔두라고 하겠지. 그러면 천국 같은 자기 방으로 돌아갈 수 있어.

밤이 되자 샘의 뇌는 쌩쌩 돌아가. 샘은 학교에서 직접 조직한 '기후 위기 대응 행동 계획' 동아리의 분담 과제를 마무리해. 그러고도 열정과 집중력이 남아서 일회용 플라스틱 사용 규제에 대한 정부 방침이 미흡하다고 호소하는 이메일을 작성했지. 보자, 아직 시간이 남았네? 샘은 채팅방에 들어가서 레글리스 선생님의 과제를 두고 찬반 토론을 벌여.

가족들이 잠자리에 들 시간이 되자 엄마가 샘에게 음악 소리 좀 낮추라고 소리쳐. 샘은 헤드폰을 끼고 음악 소리를 높이지. 헤드폰 볼륨을 키우면 청각에 손상이 갈 수 있다지만 그런 건 다 어른들이 청소년들의 즐거움을 망치려고 하는 소리일 뿐이야. 하지만 인생은 계속되고 밤은 길잖아? 샘의 스마트폰에서는 "내가 재미있게 해 줄게"라는 가사가 흘러나와. 밤에는 재미있는 일들이 꼬리를 물고 계속돼. 쉽게 피곤해지지 않아서 문제지만.

지금은 새벽 1시 반이야.

샘의 뇌에서는
무슨 일이 벌어지고 있는 걸까?

너도 샘처럼 아침마다 늦게 일어나지는 않니? 막상 자야 할 때가 되면 정신이 말똥말똥해지고. 오랫동안 사람들은 십대가 잠자리에서 잘 일어나지 못하는 게 게으르기 때문이라고 생각했어. 너무 늦게까지 깨어 있으니 아침에 일어나지 못한다는 사실에만 초점을 두고 비난했지. 최근 들어서는 전자 기기 탓도 많이 했고. 나이와 상관없이 많은 사람이 화면을 보느라 쉽게 잠들지 못하는 것은 분명한 사실이지만, 그보다 더 중요한 이유가 있어. 근래 들어 진행된 연구에 따르면 십대는 생물학적으로 수면 패턴이 다르다는 거야.

'24시간 주기 리듬'이라는 게 있어. 모든 동물들이 가지고 있는 건데, 잠자고 깨어나는 패턴을 가리키는 말이야. 이 리듬을 조절하는 가장 중요한 뇌 영역은 '시상 하부'라는 곳인데, 뇌 속 깊숙한 곳에 있지. 잠에서 깨어나는 기상 패턴을 통제하는 세포들을 '생체 시계' 또는 '체내 시계'라고 불러. 좀 더 전문적인 용어로는 '시교차상핵'이라고 하지.

인간은 밤에 잠을 자도록 설계된 동물이야. 체내 시계는 어두워지면 자고 햇빛이 비추면 깨어나게 하는 역할을 하지. 낮잠을 잘 수도 있지만 그것이 밤잠을 대신해 주지는 않아. 낮에 잠을 자고 밤에 깨어 있으면 기분이 썩 좋지 않고 컨디션이 떨어져. 어두운 밤에 일어나거나 밖이 밝은데 잠들기 힘든 이유도 그래서야.

평균적으로 성인은 밤에 7시간에서 8시간가량을 자야 해. 노인들에게 필요한 수면 시간은 일반적으로 그것보다 적고.

어린이의 경우 나이에 따라 수면 패턴이 다른데, 유아가 훨씬 오랫동안 잠을 잔다는 사실은 분명해. 9세나 10세쯤 되면 어른들처럼 8시간 정도 자게 되고.

홍미로운 건 십대들인데, 사춘기 무렵 갑자기 체내 시계가 다른 방식으로 작동하기 시작해. 연구에 따르면 십대는 (사실 20대 초반까지도) 밤에 9시간 25분가량을 자야 한다는 거야. 그걸 계산하려고 수학 천재처럼 머리를 쓸 필요는 없어. 만약 네가 자정까지 깨어있었다면 부모님이 일어나라고 깨우는 아침 7시에도 너는 아직 한밤중처럼 자고 있을 거란 소리야. 네 몸은 아마 9시가 지나야 일어날 준비를 하겠지.

그럼? 늦잠인 거지 뭐!

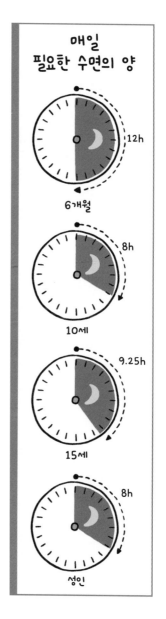

매일
필요한 수면의 양

12h
6개월

8h
10세

9.25h
15세

8h
성인

멜라토닌

체내 시계가 잠이 온다는 신호를 보낼 준비를 하면 뇌는 멜라토닌이라는 호르몬을 생성해. 뇌가 잠잘 준비를 하도록 만드는 물질이야. 관련 실험에서 청소년기에는 어릴 때보다 더 깊은 밤에 멜라토닌이 생성된다는 사실이 밝혀졌어. 어른들도 마찬가지고. 이제 네가 밤늦게까지 졸리지 않은 이유를 알겠지? 몸과 뇌가 준비되기 전에는 좀처럼 잠들기 어려워. 그러니 일찍 자라는 말은 별로 도움이 되지 않아. 도움이 되는 방법이라면 일찌감치 쉬면서 긴장을 풀고 있다가, 저녁 무렵에 방 안 조명의 밝기를 낮춰서 뇌가 잘 시간이라고 생각할 만한 분위기를 만드는 거야.

만약에 9시간이 아니라 7시간만 자고 억지로 일어나서 학교에 간다고 해 보자. 일주일에 5일은 학교에 가니까 그럼 10시간은 잠이 부족한 셈이야. 수면 전문가인 메리 카스카돈에 따르면 십대들은 학교에 다니는 동안 매일 밤 평균 7시간 30분 정도 잠을 잔다고 해. 학생들의 4분의 1가량은 잠자는 시간이 6시간 30분 정도밖에 안 되고. 아, 물론 십대의 평균 수면 시간은 가정과 사회마다 다를 거야. 한국은 어떨까? 한국청소년정책연구원은 2020년에 발표한 '청소년의 건강 및 생활 습관에 관한 조사'에서 청소년의 절반 이상이 수면 부족에 시달린다고 했어. 한국의 십대는 평일에 평균 7시간 12분 정도 자는데, 초등학생(4~6학년)은 8시간

36분, 중학생은 7시간, 고등학생은 5시간 54분 잔대. 너는 몇 시간이나 자니?

렘수면

잠을 충분히 못 자서 생기는 또 다른 문제는 렘수면이라는 특별한 시간을 놓친다는 거야. 렘(REM)이란 '안구가 빠르게 움직인다'(Rapid Eye Movement)는 뜻인데, 수면 중에 이 단계에서는 눈꺼풀이 떨리는 듯한 움직임이 관찰되기 때문에 붙은 이름이야. 렘수면은 밤에 잠을 잘 때 수면의 끝부분으로 가면서 더 자주 발생하는 경향이 있어. 꿈도 렘수면 동안 꾸는 거야. 전문가들은 렘수면이 정신 건강뿐만 아니라 기억과 학습에도 중요하다고 말해. 잠이 부족하면 당연히 렘수면 단계도 제대로 거치지 못할 거야. 그러니 푹 자는 건 정말 중요해.

수면이 부족할 때 겪는 증상이야

♡ 불안해져.

♡ 우울하고 기분이 좋지 않아.

♡ 면역력이 약해져.

- 행동이 어설퍼져서 쉽게 다쳐.
- 판단력이 흐려져.
- 기억력과 집중력이 낮아져.
- 반응이 느려져.

호르몬은 자는 동안 많이 분출돼. 자는 시간이 줄거나 방해받으면 성장, 세포 재생, 식욕뿐만 아니라 성적인 성숙 등 다양한 신체 기능을 조절하는 호르몬이 제대로 분비되지 못해. 스트레스 호르몬인 코르티솔은 제대로 잠을 못 자는 사람들에게서 증가해. 즉, 잠을 덜 잘수록 스트레스를 많이 받는다는 뜻이야.

아마 이렇게 생각할 수도 있어. '그럼 주말에 더 자면 되지 않나요? 주말은 그러라고 있는 거잖아요.'

안타깝게도 인생은 그렇게 단순하지 않아. 주말에 몰아 자면 부족한 잠을 채울 수야 있겠지만, 장기적으로 보면 오히려 체내 시계의 리듬을 어지럽히게 돼. 주말에 부족한 잠을 몰아 자는 십대 다수가 심각한 수면 부족 증상을 보인다고 해.

알고 나면 등골이 오싹할 통계 자료를 보여 줄게.

- 수면은 성적에 영향을 줘. 로드아일랜드에 거주하는 3천 명의 십대

를 대상으로 울프슨과 카스카돈이라는 학자가 1998년에 시행한 수면 습관 조사를 보면 가장 잠을 많이 자는 아이들이 A나 B 학점을 받은 경우가 많았어. 잠을 가장 적게 자는 아이들은 C 학점이나 D 학점을 받은 경우가 많았고.

♡ 수면은 정신 건강과도 밀접한 관련이 있어. 우울증 환자의 75퍼센트 가량이 불면증을 겪어.

♡ 미국국립수면재단의 연구에 따르면 운전면허를 딴 청소년의 24퍼센트가 졸음 운전을 한 적이 있다고 했어.

♡ 수면 활동을 제한당한 쥐가 음식 섭취를 제한당한 쥐보다 훨씬 빨리 죽는다고 해.

잠을 자는 동안 뇌는 진짜 열심히 일해

네가 자는 동안에도 뇌는 여러 가지 중요한 일을 한다는 증거가 있어. 이 말을 과제를 제출하지 않기 위한 유용한 핑곗거리로 삼는 건 아니겠지? "선생님, 제가 이 책을 읽었는데, 잠을 자는 동안 뇌가 진짜 중요한 일을 많이 한다더라고요. 선생님도 좋아하실 것 같아서 바로 잠을 잤어요. 그런데 아침에 일어나 보니 머리맡에 둔 노트가 백지더라고요."

뭐, 웃자고 하는 얘기지만, 어쨌든 자는 동안 뇌가 중요한 일을 한다니 굉장하지 않아?

혹시 무언가를 배우거나 시도하려고 할 때 뇌에서 무슨 일이 벌어지는지 기억해? 중요한 것은 신경 세포의 숫자가 아니라 연결망의 개수와 그 연결의 튼튼한 정도라고 말했었어. 같은 행동이나 생각을 많이 할수록, 같은 수학 방정식을 여러 번 풀수록 그와 관련된 신경 세포의 연결은 더 많아지고 훨씬 튼튼해져. 즉, 처음에는 잘 풀지 못했던 수학 문제도 다음번에는 훨씬 쉽게 풀 수 있게 된다는 거지.

그런데 놀라운 점은 네가 깨어 있는 동안 했던 것들을 잠자는 사이에 뇌가 연습한다는 거야. 아직 뇌가 완전히 발달하지 않은 새끼 고양이를 관찰한 한 연구가 있어. 이 연구에 따르면, 고양이가 낮에 한 활동에 따라 자는 동안 뇌 속 신경 세포 사이의 연결이 물리적으로 다르게 변하더래. 가지돌기와 시냅스의 수와 밀도가 달라지더라는 거지. 쥐를 대상으로도 비슷한 실험을 했는데, 결과는 같았어.

아마 너의 뇌에서도 이런 현상이 일어날 거야. 이게 무슨 말이냐면, 만약 네가 저녁에 역사 연대표를 외웠다고 치자. 잠을 충분히 잔다면 네 뇌는 렘수면 단계를 지나는 동안 연대표의 날짜들을 반복 학습하면서 신경 세포의 연결을 강화할 테고, 다음 날 시험에서 좋은 성적을 거두겠지. 하지만 렘수면 시간이 충분하지 않다면? 시험을 망칠 가능성이 높아. 만일 예능 프로그램을 몇 시간씩 보다가 잔다면, 자는 동안 뇌가 복습할 것이라고는 서로를 향해 소리 지르는 사람들이나 무의미한 주제를 두고 아무 말 대잔치를 벌이는 이미지뿐이겠지.

이런 뇌 활동은 성인과 어린이에게서도 동일하게 나타나는데, 십대에게 특히나 더 중요해. 청소년기는 뇌가 2세 이후로 가장 급진적이고 근본적인 변화를 겪는 시기이기 때문이야.

이렇게 뇌가 변하는 성질을 '가소성'이라고 해. 물론 다른 나이대의 뇌도 가소성을 갖고 있어. 뇌는 끊임없이 우리 행동과 경험에 영향을 받으니까. 하지만 너의 뇌는 아주 빠른 속도로 변하고 있어서 나이 든 사람의 뇌보다 형태를 바꾸기가 쉬워. 가소성이 좋다는 뜻이지. 네가 낮에 배운 것들과 낮에 이룬 변화를 잘 저장하기 위해서는 충분히 자야 할 거야.

십대 시절에 뇌를 위해 해야 하는 가장 중요한 일은 잘 자는 거야. 물론 쉽지 않기는 해. 너 맘대로 아침 등교 시간을 바꿀 수는 없잖아? 그렇다고 생체 리듬을 바꿀 수도 없고, 너의 뇌가 멜라토닌을 분비하는 시간을 근본적으로 조절할 수도 없지.

하지만 너의 체내 시계를 최대한 활용해서 최상의 수면을 취할 방법이 있어. 이번 장 끝부분에서 이야기해 줄 테니 기대해도 좋아.

십대의 뇌는 왜 이럴까?

몇 가지 이론을 소개할게. 이 이론들은 제각각 다른 이야기를 하는 게 아니라, 이 문제를 각기 다른 방식으로 설명할 뿐 모두 연결되어 있다는 점을 기억해.

이론 1 진화의 결과다 ①

오래전 선사 시대에는 이제 막 신체적으로 강해지기 시작하는 청소년들이 늦은 밤까지 깨어 있는 게 집단의 생존에 유리했을지도 몰라. 그래야 집단을 보호하는 어른들을 도울 수 있었겠지. 물론 지금은 아니지만, 진화는 매우 천천히 일어나잖아? 그렇지만 이 이론은 청소년들이 한낮까지 자려는 행동을 설명하지는 못해. 어쩌면 약간의 게으름이 한몫했을지도 모르지.

이론 2 진화의 결과다 ②

특이하게도 인간만 다른 동물들에 비해 유독 긴 청소년기를 겪어. 인간 어른의 삶이 매우 복잡하기 때문에 청소년기에 배우고 발달시켜야 할 것들이 다른 동물보다 훨씬 많아서 그럴 수도 있어. 수면이 뇌 발달과 성장에 중요하고 인간이 청소년기에 발달시켜야 할 것들이 많다는 점을 생각해 보면, 청소년기에 잠을 더 많이 자는 건 당연한 일일지도 몰라.

이론 3 문화의 영향이다

이 이론에 따르면 십대들이 늦게 잠들고 아침에 피곤한 건 전자 기기 화면을 보면서 채팅을 하고, 가족들과 싸우고, 해야 할 과제가 많기 때문이야. 그래서 늦은 시간까지 잠잘 준비가 되지 않거나 잘 마음이 생기지 않는다는 거지. 십대들은 대개 오후 3시에 정신이 가장 맑대. 왜냐고? 그때 학교가 끝나거든!

이론 4 자연스러운 일이다

수면은 뇌 발달과 신체 성장을 도와. 십대의 뇌는 굉장한 발달을 해내는 중이고 신체 역시 급성장 중이지. 그렇기 때문에 더 많이 자는 건 당연해.

당연히 이 이론들을 모두 합쳐야 청소년이 늦게 자고 늦게 일어나는 이유를 제대로 설명할 수 있어. 확실한 건, 인간과 다른 동물에 관한 연구 결과들을 보면 청소년기에 수면 패턴이 달라진다는 사실에는 의심할 여지가 없다는 거야. 낮 동안 각각 다른 시간에 채취한 침에서 멜라토닌의 양을 측정한 결과도 그렇대. 십대들은 한낮에도 멜라토닌을 분비할 때가 많아. 그러니 수업 시간에 꾸벅꾸벅 조는 건 어찌 보면 당연한 거지.

수면 패턴을 최대한 활용하는 방법

자, 지금부터는 필요할 때 잠드는 데 도움이 될 만한 방법을 알려 줄게. 제멋대로인 네 뇌가 마음에 안 든다고 해서 떼어 낼 수는 없는 노릇이잖아? 이 잔혹한 현대 사회가 너의 잠잘 권리를 강제로 빼앗는다고 해서 그대로 당할 수만도 없고. 네가 잠든 사이에 뇌가 숙제를 해 놓으면 좋겠지만 그럴 리는 없으니…. 그렇지만 내가 알려 준 방법대로 해 보면 네가 직접 숙제를 할 에너지를 낼 수는 있을 거야.

- ♡ 아침의 밝은 햇살을 맞도록 해. 너의 체내 시계에 일어날 때라고 알려 주는 최고의 방법이야. 짜증이 날 수도 있겠지만, 커튼을 열거나 조명을 환하게 켜면 도움이 될 거야.
- ♡ 점심때부터는 커피, 차, 콜라, 에너지 음료 등 카페인이 든 음료나 음식을 먹지 말자.
- ♡ 하루 중에 특히 더 졸린 시간이 있다면 잠을 선택하는 대신 활동적이

고 자극이 될 만한 일을 해 봐. 그러면 체내 시계는 밤에 잠들도록 맞춰질 거야.

♡ 아침부터 저녁 어두워지기 전까지 충분히 햇빛을 받자. 낮 동안 밖에 머무는 시간이 길수록 자연광을 많이 받을 거야. 그러면 체내 시계를 제대로 가동하는 데 도움이 돼.

♡ 잠이 안 온다고 해서 의사의 처방 없이 수면제를 먹어서는 안 돼. 가끔 한방 치료를 받는 것은 괜찮을 수 있지만 그 방법 없이 잠이 안 온다는 생각이 들기 시작한다면 정신적으로 좋지 않다는 신호일 수 있어. 네 상황을 잘 아는 의사나 약사에게 어떤 보조제가 좋은지 조언을 구해 봐.

♡ 라벤더 오일을 베개에 살짝 뿌리면 도움이 된다는 사람들도 많아.

♡ 아무래도 네가 별로 좋아하지 않을 얘기인 것 같지만, 부모님이 취침 시간을 정해 줄 때 십대들의 수면 시간이 늘어나고 다음 날 가뿐하게 움직인다는 연구 결과가 있어. 연구에 따르면 밤 10시에 잘 때보다 한밤중에 잠들 때 우울증을 겪는 경우가 더 많다고 해. (네 마음에 들지 않을 거라고 미리 말했지?)

♡ 아침에 늦잠을 자는 식으로 부족한 잠을 보충하는 방법은 좋지 않아. 잠드는 데 도움이 되는 생활 습관을 길러 봐. (이어지는 내용을 참고하자.)

잠드는 데 도움이 되는 생활 습관

아무리 잠드는 게 어려워도, 너의 몸이 잠잘 때라고 느끼도록 훈련을 시켜 놓으면 빨리 잠들 수 있어. 잠자리에 들기 한두 시간 전부터 이 규칙을 따라 해 봐.

- ♡ 흥분될 만한 일을 피하자. 컴퓨터 게임, 부모님과의 말싸움, 과하게 힘 쓰는 일, 시끄럽거나 오싹한 TV 프로그램, 밝은 불빛 등을 멀리하는 거야. 전자 기기의 화면은 전부 꺼 버려. 스마트폰 알림도 확실히 꺼 둬야 해.

- ♡ 혹시라도 그럴 일은 없겠지만 술을 마시는 건 절대 안 돼. 술을 마시면 졸음이 오기는 하지만 수면의 질이 떨어져.

- ♡ 따뜻한 우유를 마시면 잠드는 데 도움이 돼. (커피나 차는 안 돼.) 데운 우유에는 천연 수면 유도제 역할을 하는 화학 물질이 들어 있거든.

- ♡ 긴장을 푸는 데 집중하자. 음악을 들으면서 방 안을 천천히 거닐어 봐. 그러면서 방을 정리해도 좋겠지.

- ♡ 요가나 스트레칭처럼 가벼운 운동을 하면 좋아. 심장 박동 수를 높이거나 호흡이 빨라지는 운동만 아니면 괜찮아.

- ♡ 따뜻한 물에 몸을 담그고 목욕을 해 봐. 잠자리에 들기 직전에 하는 게 좋아. 목욕물에 말린 라벤더 잎을 넣는 것도 도움이 될 거야.

- ♡ 매일 잠자리에 들기 전에 같은 행동을 반복해 봐. 만약 네가 잠들기

전에 옷을 갈아입고 이를 닦는 행동을 반복하면 뇌는 그 일을 잠과 연결 지을 거야. 나는 자기 전에는 꼭 일기를 써. 뭐, 맘에 안 들면 꼭 나처럼 할 필요는 없어.

♡ 잠자리에 누웠을 때 잔잔한 음악을 들으면서 책을 읽은 뒤 불을 꺼 봐.

♡ 스마트폰을 잠자리에서 멀리 둬. 화면에서 나오는 불빛과 메시지가 잠드는 데 도움이 될 리 없겠지? 눈 건강에도 좋지 않아.

♡ 잠자리에 누운 지 20분이 지났는데도 잠이 안 오면 일어나 책을 읽거나 방 안을 천천히 거닐면서 다시 잠을 청해 봐. 네 뇌에 침대는 잠자는 곳이라는 것을 인식시켜야 해.

♡ 잠을 제대로 못 자더라도 아침에 얼마나 피곤할지 미리 걱정하지는 마. 몇 번 잠을 설친다고 해서 큰일 나는 건 아니야!

시험 기간

잠이 부족하면 몸의 컨디션이 떨어지고 시험 기간에 최선을 다하기가 어려워. 그러니 지금까지 이 책의 조언대로 하지 않았다면 당장 시작하자.

하버드대학에서 2000년에 실시한 연구는 렘수면 동안 뇌가 최근에 익힌 정보를 저장하고 반복 학습한다는 사실을 밝혀냈어. 그러니 시험 전날 복습하는 건 성적을 올리는 아주 좋은 방법이야. 하지만 밤늦게까지 공부하거나 아주 일찍 일어나는 건 오히려 좋지 못해. 렘수면 단계를 거치지 못해 사실상 기억을 손상시키거든.

걱정되는 수면 통계

- 청소년 중 45퍼센트는 학교에 다니는 주중에 8시간 이하로 잠을 잔대. 31퍼센트는 8시간에서 9시간가량 자고, 20퍼센트는 권장 수면 시간인 9시간 이상 잔다고 해.
- 젊은 청년들 중 64퍼센트가 졸음 운전을 한 적이 있다고 고백했어.
- 노스캐롤라이나에서 실시된 한 연구에 따르면 졸음 운전으로 인한 자동차 충돌 사고 중 절반 이상은 25세 이하의 운전자가 낸 것이라고 해.
- 하루에 7시간 이하로 자는 청소년들은 위험하거나 무모한 행동을 할 확률이 상당히 높아.

나는 얼마나 졸린 상태일까?

자신이 얼마나 졸린 상태인지 확인하기 위해 간단한 테스트를 해 보자. 의사들이 졸음증 여부를 진단하는 데 실제로 사용하는 질문지인데, 전체 테스트 중 일부만 가져온 거라 이것만으로는 진짜 수면 문제가 있는지를 정확히 판단할 수는 없어. 하지만 대략적으로나마 네 상황을 가늠하는 데에는 도움이 될 거야.

각 상황에서 얼마나 졸린지 골라 봐.

♥ 해당하는 숫자에 동그라미 하세요

0 ⇨ 절대 잠들지 않는다
1 ⇨ 잠들 가능성이 조금 있다
2 ⇨ 대체적으로 잠든다
3 ⇨ 잠들 가능성이 매우 높다

❶ 앉아서 책을 읽는다.

0   1   2   3

② TV를 본다.

0   1   2   3

③ 공공장소에 가만히 앉아 있는다. (예: 영화관)

0   1   2   3

④ 한 시간가량 차를 타고 간다.

0   1   2   3

⑤ 오후에 쉬려고 눕는다.

0   1   2   3

⑥ 앉아서 누군가와 대화한다.

0   1   2   3

⑦ 점심 식사를 마치고 가만히 앉아 있는다. (예: 수업, 독서)

0   1   2   3

8 차를 타고 가다가 신호에 걸려 잠깐 멈춘다.

0   1   2   3

♥ 점수 - 각 문항에서 선택한 숫자를 더한다.

9점 이하	평균 정도의 졸음증
10~13점	가벼운 졸음증
14~19점	중간 정도의 졸음증
20~24점	심한 정도의 졸음증

중간 정도의 졸음증 이상의 점수가 나왔다면 잠을 충분히 못 자는 것은 아닌지 생각해 봐야 해. 이번 장에서 소개한 방법들을 시도해 봐. 낮에 잠이 너무 쏟아져서 문제라고 생각되면 의사를 찾아가서 상담해 봐도 좋아.

감사를 전합니다. 이 테스트는 호주 멜버른 대학의 머레이 W. 존스 박사가 개발한 엡워스 졸음증 척도(Epworth Sleepiness Scale)입니다. 존스 박사의 허락을 받아 이 책에 실었습니다.

4장

나는 왜
무모한 짓을
하고 싶을까?

- 이게 다 도파민 때문이야

스릴은 날 살아 있게 만들지

I Love Speeeeeeeed!!!

오늘 하루치 도파민 5분 만에 대방출 ㄷㄷㄷ

오늘도 어김없이 유사고 인생 ㅜㅜ

친구들과 함께라면 늘 겁을 상실한다.
이게 찐 우정이라는 걸지도?

얏호. 도망치는 것도 스릴 만점! 절대 못 잡을걸?

"왜 그랬냐고요? ◇ 그냥 그러고 ◇ 싶었는데요."

마르코를 소개할게. 마르코의 부모님은 이제 전화벨 소리만 들려도 심장이 두근대.

토요일 자정이야. 마르코의 부모님은 잠자리에 들었어. 아빠는 잠들어 있고, 엄마는 잠들었다가 깼어. 마르코가 돌아오지 않았거든. 시계는 새벽 1시 30분을 가리키고 있어. 1시 30분도 그리 나쁘지는 않을지도 몰라. 더 나쁜 상황도 있었는걸.

한번은 경찰이 마르코를 데리고 왔었어. 술에 취해서 마트 카트를 타고 달렸다는 거야. 그 전에도 경찰이 마르코를 데려온 적이 있어. 그때는 경찰차 배기구에 콘돔을 씌우려다 붙잡혔지.

아, 그그 전에도 경찰이 마르코를 데려온 적이 있었어. 마르코는 자기가 누구인지 모른다고 우겼대. 친구가 부추겨서 그랬다나.

경찰은 마르코에게 공무 집행 방해죄로 구속될 수 있다고 엄포를 낳어.

"부모 업무를 방해할 때 받는 처벌은 없나요? 그때는 어떤 벌을 받나요?" 마르코의 아빠도 화가 나서 한마디 했지.

마르코네 부모님이 토요일에만 마음을 졸이는 건 아니야. 마르코는 학교에서도 말썽이었으니까. 이번 학기만 해도 방과 후에 남는 벌을 네 번이나 받았어. 그중 한 번은 방과 후에 남지 않고 도망가서 받은 벌이야. 한 번은 담배를 피워서였고, 또 한 번은 수업 시간에 창문으로 달아나서였어. 또 한 번은 체육 수업 중에 예수님의 환상을 봤다고 소리를 질렀대. 뒤의 두 번은 친구들이 부추겨서였다나, 뭐라나.

선생님한테서 이메일이 온 적도 있어.

"마르코가 미술 시간에 지속해서 수업을 방해했다는 사실을 알려 드리고자 메일을 드립니다. 오늘은 신체 특정 부위를 모형으로 제작했습니다."

다른 선생님들도 메시지를 보냈어. "마르코는 밝은 아이입니다. 하지만 수업 중 마르코의 행동에는 고쳐야 할 부분이 많습니다. 마르코는 광대처럼 행동해서 수업을 망치는 것을 자신의 임무라고 생각하는 것 같습니다." 아이고 이런…. 이런 메시지도 있어. "마르코는 의심할 여지 없이 굉장한 재능을 가지고 있습니다. 하지만 그 재능을 감추려고 엄청난 노력을 하고 있기에 담임 교사로서 마르코의 재능이 무엇인지는 정확히 알 수가 없습니다." 가장 최근에 받은 메시지에는 이렇게 적혀 있었지. "마르코는 장차 크게 될 학생이 분명합니다. 그러나 현재는 마르코가 목표한 방향이 올바르지 않아 걱정이 됩니다."

이웃에게 전화를 받은 적도 있어. "마르코 엄마, 제가 조금 전에 쇼핑센터에서 마르코가 롤러블레이드를 타고 지나가는 걸 봤어요. 지금은 학교에 있을 시간이잖아요? 경찰 헬멧을 쓴 아이가 엄청난 속도로 달리길래 봤더니 마르코가 맞더라고요." 마르코도 전화를 한 적이 있어. "엄마, 너무 놀라지 마세요. 저 병원에 있어요. 그냥 머리 조금 다친 거예요."

단순히 사춘기라서 이런 일이 벌어지는 건 아닌 것 같아. 아장아장 걸어 다닐 때부터 마르코는 누나의 바비 인형 머리카락을 자르고는 했거든. 그럼 누나는 고막을 찢을 듯이 비명을 질렀고. 어린이집에 다닐 때에는 슈퍼맨처럼 망토를 두르고 날 수 있는지 확인하겠답시고 높은 곳에서 뛰어내린 적도 있어. 초등학교에 입학하자 이런 마르코의 행동은 더 심해졌어. 선생님들은 마르코 때문에 울었다 웃었다 하다가 결국은 교실에 들어가는 걸 무서워할 정도가 됐지. 중학교에 들어가서는 몇 번이나 담배를 피우다 걸렸어. (근데 그거 알아? 사실 마르코는 담배를 싫어하는데 일부러 그런 거야.) 또 학교에 유명한 사람이 방문하면 일부러 화재 경보를 울렸고, 밤에 외출했다가 제시간에 돌아오는 일은 당연히 없었지. 더 큰일을 저지르지 않는 게 다행이라고나 할까.

그러니 마르코의 엄마가 공포와 분노 사이를 오가며 잠 못 이루는 것도 당연한 거야. 대체 마르코는 어디 있는 걸까? 또 어떤 사고를 치려는 거지? 엄마가 얼마나 걱정하는지는 모르는 걸까? 다른 사람이 자기 때문에 얼마나 힘든지 알기는 할까?

더는 견디기 힘들어진 엄마는 자리를 박차고 일어나 스마트폰을 집어 들었어. 벌벌 떨리는 손가락으로 아들에게 전화를 걸었지. 신호음만 울리고 전화를 받지 않았어. 포기하고 종료 버튼을 누르려는데 마르코가 전화를 받았어.

마르코의 목소리는 잔뜩 잠겨서 쇳소리가 났어. 또 취해서 고래고래 소리를 지른 걸까?

"너 지금 어디야!"

엄마가 식구들을 깨우지 않으려고 목소리를 낮춘 채 쏘아붙였어.

"침대요. 엄마 때문에 깼잖아요."

마르코의 뇌에서는
무슨 일이 벌어지고 있을까?

마르코는 위험한 행동을 서슴지 않는 아이야. 너희들 중에는 마르코처럼 행동하는 아이도 있고 그렇지 않은 아이도 있겠지?

네가 위험한 일을 벌이지 않는 쪽이라면 너희 부모님은 심장 마비에 걸릴 확률이 조금은 줄어들겠다. 만약 네가 위험을 무릅쓰고 무모하게 도전하는 성격이라면 그런 극단적인 행동을 하는 데는 그럴 만한 이유가 있어. 왜 그런지 곧 알려 줄게.

그 이야기를 하기에 앞서 위험에 관해 생각해 보자. 사실 우리는 모두 위험을 감수하면서 살고 있어. 살다 보면 위험한 일을 만날 때가 많잖아. 어떻게 생각해 보면, 우리는 잠자리에서 일어나면서부터 위험을 각오하는 거야. (아니, 잠자리에서 일어나지 않아도 하늘을 날던 비행기가 집 위로 추락할 수도 있어.)

십대로서, 또 어른으로서 원하는 바를 성취하기 위해서는 위험을 감수하고 도전해야 돼. 일을 하려면 면접을 봐야 하지. 면접에서 떨어질지도 모르지만 그런 위험을 이겨 내지 않으면 원하는 직업을 얻지 못할 거야. 살다 보면 힘든 훈련 과정을 이수해야 할 때도 있고, 높은 성적을 요구하는 대학에 지원해야 할 수도 있겠지. 이렇듯 우리는 살아가는 동안 실패할지도 모르는 위험, 새로운 사람을 만나는 위험, 경제적 어려움을 감당하는 위험을 감수해야 해. 다른 나라에 가고 싶다면? 여행길에 오르는 위험을 받아들이는 게 당연한 거야.

위험한 행동이 꼭 좋지 않은 결과를 불러오는 건 아니야. 새로운 일, 성공하지 못할 가능성이 있거나 하고 싶지 않지만 꼭 도전해야 하는 일을 할 때도 위험을 느끼니까. 만약 우리가 위험한 행동을 절대 하지 않도록 프로그램되었다면 우리는 어떤 일도 성취하지 못할 테고, 인간이라는 종은 제대로 발전하기도 전에 멸종했을지도 몰라. 먹던 게 아니면 독이 있을지도 모르니 안 먹었을 테고, 죽을 위험이 있으니 사냥하지도 않았을 테니까. 비행기를 만들지도, 다른 나라로 여행을 가지도, 새로운 사람을 만나지도, 인공지능을 만들어 내지도 못했겠지? 우리가 지금 이용하는 기술 중 그 무엇도 터득하지 못했을 거야.

동물의 세계에서도 마찬가지야. 영양 무리는 사자가 덮칠지도 모르지만 풀밭을 찾아 나서. 그래야 강하고 튼튼해져서 살아남을 수 있으니까. 그런데 영양이 그 일이 얼마나 위험한지, 사자가 나타날 가능성은 얼마나 되는지 고민하면서 그런 행동을 할까? 그렇지는 않을 거야. 영양이든 인간이든 생물학적으로 보상과 쾌락을 추구하도록 프로그램되었기 때문에 그런 일이 일어나는 거야. 영양은 풀이 맛있어 보인다고 인식해. 무의식의 깊은 영역에 존재하는 생존 본능에 따라 풀을 먹는 거야. 그래야 더 튼튼해지고 더 많은 새끼 영양을 낳을 수 있을 테니까. 위험을 감수하고 풀을 먹으면 유전자를 전달할 기회가 늘어나리라는 점을 본능적으로 아는 거지. 위험과 공포만 느낀다면 영양은 절대 풀을 찾아 나서지 않을 거야. 영양을 그렇게 행동하게 만드는 건 쾌락을 향한 욕망이야. 인간도 마찬가지야. 위험 여부를 막론하고 우리를 행동하게 만드는 것은 바로 그 쾌락을 향한 욕망이지. 생존과 성취는 쾌락의 채찍질 아래 위험과 신중함을 섬세하게 저울질한 결과야.

이게 다 도파민 때문이야

우리가 위험한 행동을 서슴지 않는 이유는 쾌락 때문이야. 더 정확히 말하면, 위험을 견디고 살아남는 일은 우리에게 쾌락을 안겨 줘. 롤러코스터나 스릴 넘치는 놀이기구를 타 본 적 있지? 코스를 다 돌고 다시 안전하게 탑승장에 돌아왔을 때 느낌이 이때? 황홀하지 않아? 놀이기구를 타는 동안 사람들은 소리를 질러. 그런데 다 탄 뒤 표정은 어때? 어쩐지 희열에 차 있는 것 같지 않았어? 바로 '황홀감'을 느끼기 때문이야.

이런 느낌은 '와, 내가 위험을 견디고 살아남았어. 내가 또 다른 하루를 살게 되다니 정말 멋지다!'라는 생각에서 오는 게 아니야. 뇌에서 물리적인 현상이 일어나 쾌락이 생산된 거야. 십대뿐만 아니라 누구나 마찬가지야.

이런 쾌락의 느낌을 활성화하는 뇌 속 화학 물질이 바로 도파민이라는 특별한 신경 전달 물질이야. 많이 들어 봤지? 신경 전달 물질은 신경 세포 사이에 전기 자극을 전달하는 데 도움을 줘. 도파민은 다양한 기능을 하는데, 그중 하나가 바로 쾌락인 거지.

해변에 누워 있을 때 느끼는 조용한 감정이 아니라 전율이나 흥분처럼 훨씬 극적인 감정! 도파민은 삶에서 짜릿한 전율을 느끼게 해 줘.

도파민의 역할은 우리가 쾌락과 보상을 원하게 하는 거야. 우리가 스마트폰을 들여다보고 게임을 하는 이유는 도파민을 추구하기 때문이지. 도파민 시스템이 활성화될수록 쾌락을 갈망하는 마음이 커지고 그런 일을 찾아 나설 가능성도 커져.

연구자들이 쥐에게서 도파민 시스템을 제거하는 실험을 했대. (쥐들아, 미안해.) 어떻게 됐게? 쥐들은 새로운 것을 찾아 나서지 않았어. 우리에게는 자극 추구 요소가 필요해. 도파민이 없다면 모두가 게을러지고 아무것도 하지 않게 될 거야.

우리는 모두 쾌락을 원해. 그런데 유달리 쾌락 추구에 열정을 쏟는 뇌를 가진 사람들도 있어. 이 사람들은 매우 활동적이고, 때로는 도파민 시스템이 과하게 작동하기도 해. 이런 사람들에게는 무슨 일이 벌어질까? 흥분되고 신날수록 뇌에서 도파민이 더 많이 분출될 테고, 그러면 계속 흥분되고 신나는 일을 찾아 나서게 돼. 그야말로 흥분 중독 상태인 거야!

십대들만의
특별한 위험 감수 행동

자, 이제 정도의 차이는 있겠지만 사람은 누구나 위험을 감수하도록 설계되었다는 사실을 알게 됐을 거야. 그럼 십대들은 어떨까?

많은 청소년들이 위험한 일에 무모하게 덤벼들어. 젊은 운전자가 자동차 사고로 목숨을 잃을 가능성은 나이 많은 운전자들보다 네 배 이상 높아. 과속, 음주 운전, 안전벨트 미착용 비율도 더 높고. 성행위, 술, 약물, 범법 행위 같은 위험 감수 행동을 하는 비율 역시 높다고 해.

여러 연구 결과에 따르면, 도파민에 관해서는 성인과 십대 사이에 흥미로운 차이가 있어. 도파민 수준도 달랐고, 일부 청소년들은 색다른 경험을 추구하거나 위험을 감수할 때 느끼는 흥분에 반응하는 방식에도 차이가 있었지. 한 가지 흥미로운 점은 청소년 뇌의 보상 중추가 작은 보상은 무시하고 중간 정도의 흥분을 일으키는 보상에 과장된 반응을 보인다는 거야. 이게 무슨 뜻이냐면, 만약 네가 위험을 감수하는 유형이라면, 원하는 정도의 쾌락을 얻기 위해서 더 큰 위험에 도전할 거란 말이지. 복측 선조체라는 뇌의 영역은 흥분 반응에 있어 중요한 역할을 하는데, 일부 십대는 이 영역이 덜 활성화되어 있다는 연구 결과도 있어. 그래서 어떤 십대들은 뇌가 갈망하는 쾌락의 화학 물질을 충분히 얻기 위해 더 위험한 행동을 한다는 거야.

혹시 이런 경험 한 적 없어? 평소에는 특별히 위험한 행동을 하지 않는 성격인데, 친구들과 어울리려고 혹은 강한 인상을 주고 싶어서 갑자기 위험한 행동을 해 본 경험. 연구에 따르면 낮은 자존감도 또래 압력에 휘둘릴 위험성을 높일 수 있대. 이런 십대들은 위험을 감수하면 친구들이 자기를 존중하고, 주목하고, 좋아할 거라고 느끼기도 해. 아니면 갑자기 판단력을 잃어서 자신의 성격과 맞지 않게 그런 행동을 한 걸 수도 있고. 어쩌면 그 행동이 위험하다고 생각을 못 했을 수도 있겠지. '그냥 그러고 싶어서' 했을 뿐인 거야.

'그냥 그러고 싶어서'. 이 부분이 십대의 뇌에서 아주 중요한 지점이야. 이것은 다시 쾌락과 연결되지. 십대들은 생각보다 본능적 반응이 앞서는 경우가 많거든. 너에게 생각하는 능력이 없다는 게 아니야! (그럴 리가!) 하지만 감정보다 이성에 바탕을 두고 선택을 할 가능성은 성인들보다 높지 않다는 거야. 먼저 예측해 보고, 논리적으로 위험 부담을 가늠해 보는 건 전전두피질이 하는 일이야.

위험한 행동을 할까 말까 결정해야 할 때, 십대들이 결과를 미리 생각하기보다 당장의 감정에 더 좌우된다는 사실을 보여 주는 연구 결과들은 많아. 결과와 위험을 판단하고 좋은 결정을 내리는 데 필요한 뇌 영역은 전전두피질인데, 알다시피 십대의 전전두피질은 아직 완전히 발달하지 않았거든. 아무리 애를 써도 한계가 있다는 뜻이야.

자, 정리해 보자. 너에게는 위험이 무엇인지 파악할 능력이 있어. 하지만 그 일을 할지 말지를 결정하는 일은 논리적 추론에 따라 이루어지기보다는 순간의 감정에 따라 이루어지기가 쉬워. 연구에 따르면 십대들은 무엇이 위험하고 무엇이 위험하지 않은지 결정하는 데 성인들보다 시간이 조금 더 걸린다고 해.

놀라운 사실 한 가지 알려 줄까? 십대가 위험을 감수할지 말지를 선택할 때, 친구들과 함께 있는지 아닌지에 따라 활성화되는 뇌 영역도, 결정도 달라진다는 거야. 친구들에게 주목받고 싶은 욕구는 인생에서 성공하고 부모님에게서 독립하는 데 중요하지만, 무모한 행동을 서슴지 않다가는 큰 위험에 처할 수도 있어. 통계에 따르면 십대는 혼자일 때보다 무리 지어 있을 때 자동차 사고나 범죄를 저지를 가능성이 훨씬 커.

십대는 왜 이런 식으로 다를 수밖에 없는 걸까?

지금부터는 이 질문에 대한 답을 여러 관점에서 살펴볼 거야.

각각의 이유는 우리가 인간의 행동을 관찰하는 다양한 방법에 바탕을 두고 있어. 마찬가지로 각 이론은 서로 연결되어 있고, 우리가 왜 이런 존재인지, 왜 이렇게 행동하는지는 진화에 뿌리를 두고 있어.

이론 1 진화의 결과다

이 이론에 따르면 십대는 본래 위험을 감수하고 도전할 수밖에 없는데, 그 이유는 초기 인류가 살던 시절에 그런 행동이 이로웠기 때문이야. 청소년은 성인이 되면 자기 자신을 돌보고 가정을 꾸려야 해. 그럼 아직 부모님이 보호해 주는 동안, 다시 말해서 상대적으로 안전할 때 위험도 감수해 봐야 나중에 같은 상황에 처했을 때 어떻게 할지를 배울 수 있겠지? 시행착오를 겪거나 실수를 해 봐야 뭐가 안전한 일인지, 뭐가 위험한 일인지를 알 수 있고.

진화의 관점에서는 강한 자가 살아남고, 위험을 무릅쓰면서 강해져. 그래야 더 좋은 음식을 먹고 더 강한 짝을 만나고 더 나은 환경을 차지할 테니까.

이론 2 생물학적 이유에서다

또 전전두피질 이야기를 해야겠어. 이 영역이 충분히 발달하지 않아서 결과를 예측하고 합리적인 결정을 내리는 데 어려움을 겪는다는 거야. 뇌의 전전두피질이 손상되면 올바른 결정을 내리는 데 어려움을 겪고 위험천만한 행동을 서슴지 않기도 해.

이 이론에 따르면 십대는 이성이 발달될 때까지 부모나 보호자의 보호 아래에서 의사 결정을 해야 해. 무모한 행동을 하는 대부분의 아이들은 치밀하게 계산하고 그런 위험을 감수하는 게 아니잖아? 보드카 네 잔을 마시고 쇼핑몰에서 카트에 올라탔을 때 마르코는 그 행동이 얼마나 위험한지 따져 보지 않았어. '그냥 그러고 싶어서' 그랬지. 마르코는 생각이란 걸 하지 않았어.

이론 3 사실 십대는 긍정적이고 자신들에게 도움이 되는 행동을 하는 것이다

비록 그 과정은 무의식적으로 일어나지만, 십대가 위험을 감수하는 건 그 나름대로 좋은 이유가 있다는 이론이야. 십대들은 집단의 일원이 되고 싶어 해. 이건 인간에게는 매우 중요한 부분이지. 십대는 사회에서 자기 위치를 다지고 친구와의 유대감을 튼튼히 하면서 자신의 입지를 확실히 하고 싶어 해. 이 내용에 대해서는 1장에서 또래와 사회의 압력에 관해 이야기하면서 자세히 다뤘어.

청소년기 특유의 행동은 사춘기와 함께 시작돼. 평균적으로 선진국에서 사춘기는 50년 전보다 더 일찍 시작된다고 해. 그에 따라 십대의 위험 감수 행동도 전보다 일찍 시작되는데, 십대의 뇌는 아직 계획하고 결정할 준비가 안 된 상태지. 그리고 최근에는 과거보다 위험 요소도 훨씬 많아. 약물은 효과가 강해졌고 손에 넣기도 쉬워. 술도 마찬가지야. 십대들의 주머니 사정도 전보다 좋아졌고 야간 활동이 늘어나면서 그에 따른 위험도 증가했지. 성행위를 금기시하는 인식도 줄었어. 스스로 선택하고 결정하는 권한도 늘어났고. 그런데 아이러니하게도 가벼운 위험 감수 행동(교외로 나가서 자전거를 타는 활동 등 어른의 보호 없이 외부에서 자유 시간을 보내는 일)은 마음대로 못 하다 보니, 술, 마약, 성행위같이 훨씬 위험한 활동들만 선택지로 남은 상황이야.

또 다른 위험 감수 행동

쇼핑 카트에 뛰어오르거나 앞뒤 가리지 않고 덤벼들다가 문제를 일으키는 행동만 부정적인 위험 감수 행동인 것은 아니야. 건강하지 않은 식습관을 갖고 자기 몸을 돌보지 않는 태도 역시 무모하긴 매한가지야. 너희들이 실제로 그렇게 느끼지 않을지 모르겠지만 실제로는 위험해.

초가공식품을 먹는 일뿐만 아니라 흡연, 음주나 마약, 콘돔을 사용하지 않은 성행위도 모두 생활 속의 위험 요소라고 할 수 있어. 과체중이나 저체중은 짧은 시간 혹은 긴 시간에 걸쳐 건강에 문제를 일으켜.

네가 건강한 몸을 위해 좋은 음식을 선택해서 먹고 적당한 운동을 하는 친구였으면 좋겠어.

영국의 청소년건강협회에서 2010~2018년에 실시한 조사 자료야.

- 11세에서 18세 청소년 열두 명 중 한 명만이 채소와 과일을 하루에 다섯 컵 이상 섭취해.
- 남자 청소년 16퍼센트와 여자 청소년 10퍼센트만이 권장하는 만큼 운동을 해. (이 수치도 점점 줄어들고 있어.)
- 밤에 8시간 이하로 자는 14세 청소년의 비율이 2005년에서 2015년 사이에 두 배나 늘었어.
- 2017년에 조사한 결과에 따르면 영국 남자 청소년 23퍼센트와 여자 청소년 24퍼센트가 비만이야.

과식, 첨가물이 많이 든 초가공식품이 위험하듯, 충분히 먹지 않거나 영양가 있는 음식을 골고루 먹지 않는 식습관도 위험해. 십대 시기에 영양가가 풍부한 음식을 고루 먹지 않거나 적당량을 먹지 않으면 성장과 발달과 건강을 위해 필요한 비타민과 무기질을 섭취하지 못할 수 있어.

음주

음주가 십대의 뇌에 미치는 영향에 관해서라면 그 이야기만 따로 해도 책 한 권이 나올 정도야. 술은 쾌락, 위험과 동시에 연관되어 있어. 그런데 십대의 뇌는 좀 특별해서, 알코올이 들어오면 그 위험성이 몇 배 이상 크게 증가해. 이유는 확실하지 않지만 과학자들에 따르면 청소년의 뇌는 알코올과 약물에 특별히 취약하대. 좋은 소식도 있는데, 이 책의 초판이 출간된 2005년보다 술을 마시지 않는 청소년이 늘어났다는 거야. 영국을 포함한 세계 여러 나라에서 말이야.

하지만 술을 마시는 십대는 지나치게 마시곤 하지. 또 20년 전에는 남자 청소년들이 주로 술을 마셨는데, 요즘은 여자 청소년들도 술을 많이 마셔. 술을 많이 마시면 합의되지 않은 성관계를 가질 가능성이 높아지고, 계획에 없던 임신도 할 수 있어.

1990년대부터 지금까지 십대에게 음주가 큰 문제인 이유 중

하나는, 보드카처럼 알코올 함량이 높은 술을 달콤한 음료와 섞어 독한 술이 아닌 양 마신다는 거야. 보드카 같은 증류주는 와인이나 맥주보다 쉽게 취해. 술을 단 음료와 섞으면 꿀꺽꿀꺽 빠르게 넘어가는 데다 알코올의 자극적인 맛을 감추기도 쉽지. 과학자들은 십대가 안심하고 마실 만한 알코올 허용치는 없다고 말해. 이 말이 진짜 무서운 이유는 바로 '사실'이기 때문이야. 어른들이 술의 위험성을 경고하는 건 청소년을 진심으로 걱정하기 때문이지 즐거운 일을 못 하게 막으려고 그러는 게 아니야. 그리고 뇌에 손상을 입히는 일이 어떻게 즐거울 수가 있겠어? 십대 때 술을 마시는 건 진짜 위험하다고.

"술 마시지 마라"는 말이 듣기 싫을 거야. 하지만 술을 마실 생각이라면 적어도 네가 무엇에 빠져들고 있는지는 정확히 알아야 해. 그런 다음 왜 그런 식으로 너의 뇌를 망치려고 하는지 스스로에게 진지하게 질문해 봐.

혹시 '댈구'라고 들어 봤어? 청소년들을 대신해, 성인들이 술이나 담배, 성인용품 같은 유해 물품을 대신 구매해 주는 '대리 구매'라는 뜻을 가진 은어라고 해. 여성가족부가 발표한 '청소년 매체 이용 및 유해 환경 실태조사'에 따르면, 흡연 경험이 있다고 응답한 청소년 가운데 '대리 구매'를 통해서 담배를 구한 청소년의 비율은 21%에 달했어. 즉, 흡연 경험 청소년 다섯 명 가운데 한 명은 '대리 구매'를 통해 담배를 구한 거야. 술을 구매하는 방법도 비슷한 걸로 보여.

몇 가지 진실을 알려 줄게.

- ♡ 청소년들은 폭음을 하는 경향이 있어. (순수한 알코올 10밀리리터를 1유닛이라고 하는데, 남자는 5유닛 이상, 여자는 4유닛 이상을 마실 때 폭음으로 간주해.)
- ♡ 연구에 따르면 15세 이전에 음주를 시작한 사람은 성인이 되어서 알코올 의존증에 걸릴 가능성이 더 높아. 많은 연구에서 다섯 배가량 위험이 더 높다는 결과가 나왔어.
- ♡ 쥐를 대상으로 진행된 연구에 따르면 청소년은 성인의 뇌에 손상을 입히는 알코올 양의 절반만으로도 뇌에 손상을 입어.
- ♡ 우리 뇌는 손상되면 다시 회복하는 능력이 있지만, 기억과 학습을 담당하는 영역을 포함한 중요한 뇌 영역이 음주로 손상을 입으면 다시 회복하기가 매우 어려워.
- ♡ 2년 동안 평균적으로 하루에 두 잔 정도 술을 마시는 십대들은 기억력이 10퍼센트가량 손상된다고 해.
- ♡ 매년 일어나는 자살 중 30퍼센트가 잘못된 음주 습관으로 발생해.

모든 증거들을 살펴볼 때, 십대의 뇌는 중독 가능성도 높고 알코올이 즉각적으로 미치는 영향에도 심각하리만치 취약해. 게다가 간 역시 성인만큼 알코올을 처리해 내지도 못하고. 그래서 십대는 작은 양의 알코올로도 취하기 쉽고, 뇌도 더 나쁜 영향을 받고 손상을 입어. 뇌가 한창 성장하고 발달해 나갈 때인데 말이야.

청소년기 동안 변화를 겪는 뇌 영역은 알코올에 민감해. 알코올을 섭취한 청소년기의 쥐는 전두엽 영역에 눈에 띄는 손상을 입었어. 알코올 의존증을 겪는 사람은 대뇌 측두엽에 위치한 해마가 유달리 작아. 해마는 기억에 중요한 역할을 담당하는 곳이야. 이 두 곳은 청소년기에 가장 큰 변화를 보이는 영역인데, 하필이면 이 두 곳이 알코올로 인한 손상에 가장 취약한 거야. 2010년경부터 의사들은 청소년의 간과 뇌에서 상당 정도 진행된 알코올성 난치 질환을 발견하기 시작했어. 전에는 성인에게서만 관찰되던 병이었지.

장기간 술을 마시면 중독으로 이어질 수 있고, 뇌도 영구적인 손상을 입어. 술에 취하기만 해도 이런 문제가 발생할 수 있는데 자주 마시면 좋지 않은 건 당연해. 한 번 술을 진탕 마신다고 알

안심하자

몇 번 술을 마신 적이 있거나 그런 친구를 알고 있다고 해도 너무 불안에 떨 필요는 없어. 지금부터 올바른 선택을 하면 되니까. 하나둘 좋은 선택들을 하다 보면 네 뇌는 너를 위해 제대로 일할 거야. 너 또는 친구가 계속 술을 마셔서 걱정된다면 관련 단체에 도움을 구하는 방법도 있어.

코올 의존증이 되지는 않아. 하지만 그랬다가는 알코올 의존증이 되기도 전에 생명이 위험해질 수도 있어.

알코올의 위험성

술을 많이, 그리고 자주 마시면 죽거나 큰 부상을 입을 수 있어. 과장 같지만 정말 일어날 수 있는 일이야.

- ♡ 최근 연구에 의하면 일주일에 평균 두 잔씩만 술을 마셔도 수명이 단축된대.
- ♡ 술을 마시고 수영을 하다가 익사할 수도 있어.
- ♡ 술에 취한 친구가 모는 차를 탈 수도 있고.
- ♡ 혼자 집에 걸어갈 수도 있겠지. 그렇게 인도로 걸어가다가 차도로 넘어질 수도 있어.
- ♡ 범죄자의 눈에 띌 수 있어.
- ♡ 폭행을 당할 수도 있어. 그러고서도 다음 날이 되면 전혀 기억을 못할지도 몰라.
- ♡ 성관계를 갖고 나서 그러지 말았어야 했다고 후회할 수도 있어.
- ♡ 뇌세포가 많이 파괴될 거야.

성행위와 알코올

　술을 마시면 자제력이 없어지고 옳은 판단을 하고 신중하게 선택하는 능력이 낮아져. 그래서 술을 마시지 않았다면 피했거나 원하지 않았을 성관계를 가질 가능성이 커지고, 결국 남성과 여성 모두 후회할 수밖에 없게 되겠지. 예를 들면 술을 마신 뒤 성관계를 가지면 피임 도구를 사용하지 않을 확률이 아주 높아지겠지? 그러면 성병에 걸리거나 임신할 위험도 증가할 테고. 술에 취하면 안전하지 않은 상황에 처할 가능성이 높아지고, 정신이 멀쩡하고 통제력이 있었다면 내리지 않았을 결정을 내리기도 해.

　만약 술을 마셔서 알코올의 영향을 받은 상태라면, 법은 두 사람의 성관계를 서로 동의한 것으로 보지 않아. 술을 마신 사람과 성관계를 가졌다면 그 사람의 동의를 받았다고 생각해서는 안 된다는 말이야. 의식이 없어야만 취한 것은 아니야. 누군가가 술이나 약물에 취한 것 같으면 네가 해야 할 일은 그 사람이 정신을 차릴 때까지 안전하게 있도록 도와주는 거야.

　"맙소사, 무슨 말씀을 하시는 거예요? 저는 절대 그럴 일이 없다고요! 술 때문에 자제력을 잃다니, 말도 안 돼요"라고 말할지도 모르겠다. 그치만 그건 지금 네가 술을 마시지 않고 이 책을 읽고 있고 그래서 자제력이 있기 때문이지 않을까? 술은 자제력을 삭제해 버려. 그래, 술을 마시면 기분이 좋아지는 건 맞아. 아니라면 대체 왜 사람들이 술을 마시겠어? 하지만 그렇게 도파민 시스템이 활성화되면 더 큰 즐거움을 바라게 될 테고, 그렇게 더 많은 즐거움을 바라다 보면 너는 너도 모르는 새에 네 인생에 큰 위험을 자초하게 될 거야.

"약물 말인데요, 대마초는 괜찮겠죠? 허용하는 국가도 있잖아요, 알코올보다 훨씬 안전하지 않나요?"

"그건 그냥 풀이잖아요"라고 말할지도 모르겠다. 대마초도 담배처럼 식물의 잎으로 만든 건 사실이지만 환각 성분이 있어. 알코올이나 헤로인처럼. 대마초는 안전하다고 말하는 사람들은 스스로를 속이는 거야. 사람들은 믿고 싶은 것을 믿으니까. 대마초가 안전하다고 말하는 사람들도 최근 연구에 근거한 사실은 인정해야 할걸?

♡ 대마초 연기에는 암을 유발하는 화학 물질이 다량 포함되어 있어. 이 점에 있어서는 일반 담배와 다를 바 없어.

♡ 대마초를 피우면 기억력, 집중력, 협응력에 손상을 입어.

♡ 대마초를 장기간 피우면 우울증과 조현병에 걸릴 위험이 커져. 뉴질

랜드에서 장기간, 대규모로 진행된 한 연구에 따르면 최근 수년간 자주 대마초를 피운 사람은 지능 지수가 감소했대.

♡ 대마초는 공황 발작, 메스꺼움, 환각 같은 부작용을 일으켜.

♡ 대마초는 끊기가 매우 어려워. 즉, 중독성이 있어.

♡ 대마초는 체내에 쌓여. 간에서 분해되는 알코올과는 달라.

♡ 대마초는 허용 수치가 따로 없어. 왜냐히면 어느 정도 피워야 안전한지 아무도 모르거든.

알코올이 어른보다 십대에게 더 위험한 것처럼 대마초도 그래. 점점 더 많은 학자들이 대마초는 오랜 기간 심각한 위험을 끼치며, 훗날 정신 질환을 겪을 위험까지 있다는 연구 결과를 발표하고 있어. 만약 지금 약물을 하고 있다면 엄청난 위험을 감수하고 있는 셈이야. 술을 마실 때와 마찬가지지.

대마초와 법

대마초와 약물 관련 법은 나라마다 다양해서 네가 사는 국가의 법이 어떤지 확인해 봐야 해. 영국에서 대마초 흡입은 불법이야.

친구나 다른 사람에게 대마초를 주거나 파는 일은 훨씬 더 심각한 범죄야. 2018년부터 의사가 특정한 상황에서 의료 목적으로 대마 농축액을 처방하는 일이 합법화되었는데, 이때 사용하는 의료용 대마는 오락용 대마와는 달라. 한국의 경우 대마 관리법과 마약류 관리에 관한 법률에 따라 대마의 생산, 매매, 흡연, 단순 소지는 물론 내국인이 대마초가 합법인 국가에서 대마초를 피우는 행위도 모두 불법으로 간주해 처벌받아.

흡연

그래, 너도 흡연이 나쁘다는 사실은 아마 알 거야. 폐암, 심혈관계 질환, 호흡 곤란 등을 일으키는 위험한 일이지. 혹시 네 부모님만큼 나이가 들지 않아서 한참 뒤에나 그런 일을 겪을 테니 담배의 위험성을 애써 무시하고 있는 건 아냐?

어쩌면 너는 '난 담배를 피우지만 중독된 건 아닌데?'라고 생각하고 있을지도 몰라. 그렇지만 사실 지금 흡연을 시작하면 몇 년 더 지난 뒤에 담배를 피우기 시작할 때보다 중독되기가 훨씬 쉬워. (물론 안 피우는 게 가장 좋겠지!) 실험에 따르면 성체 쥐보다 청소년기의 쥐가 니코틴에 중독될 확률이 두 배나 더 높대. 일찍 중독이 시작될수록 점점 더 강하게 중독된다는 증거도 있고. 십대의 뇌는 담배를 멀리해야 해.

"어떡하죠? 저는 그런 걸 하나도 하지 않는데, 저는 지루한 인간인 게 틀림없어요!"

지루하다니? 넌 훌륭해! 사실, 대부분의 십대는 술이나 담배를 하지 않아. 많은 나라에서 담배를 피우거나 술을 마시는 청소년의 비율이 줄고 있어. (안타깝게도 다른 약물을 사용하는 일이 걱정스러울 정도로 증가하는 추세지만.) 성행위를 경험하는 청소년의 비율이 증가하는 곳도 있는데, 술이나 온라인 포르노 때문에, 아니면 친구들이 모두 그런 걸 겪어야만 하는 것처럼 말하기 때문에 그러는 것 같아서 걱정이야.

하지만 이런 걸 하지 않는다고 해서 지루한 사람이 되는 건 아니야. 주체적인 선택을 한다는 건 오히려 네가 강하고, 신중하고, 집중할 줄 알고, 중심을 잃지 않는 사람이라는 얘기니까.

너의 굉장한 뇌도 하나뿐이고 네 인생 역시 한 번뿐이라는 사실을 잊지 말자!

부정적인 위험을 감수하는 행동을 하는 것과 용기는 아무런 상관이 없어. 오히려 판단력이나 결정력과 관련된 문제지. 영리하고 분별력이 있다면, 감수해야 할 고통이나 위험이 그에 따르는 즐거움이나 결과만큼 가치 있는지 따져 본 다음 행동하겠지? 만약 위험을 감수할 가치가 없다고 생각된다면 과감히 위험을 멀리해야 해. 친구를 곤란하게 만들 일을 하지 않아서 네가 지루한 사람인 것 같아? 이 세상에는 역동적이고 대담하며 성취감을 느낄 수 있는 방법이 아주 많다는 사실을 기억하자.

친구들 사이에서 입지가 흔들리거나 따돌려질 것 같으면 싫다고 말하기가 힘들 수도 있어. 하지만 이번 장에서 말한 것들을 네가 하지 않는다면, 그건 네가 이미 성숙했고 전전두피질이 영리하게 올바른 결정을 내렸기 때문일 거야. 네 친구들이 겪는 단계를 너는 벌써 벗어났어. 너는 성장이 빠른 아이인 거야!

"와! 모두 제가 하는 것들이네요, 저 좀 멋진 듯!"

지금껏 봤듯이, 어떤 위험 행동은 학습에 꼭 필요하고 진화의 측면에서 인간에게 중요해. 어떤 면에서는 삶에 묘미를 더하기도 하지. 그치만 현명하지 않은 행동을 하면서 스스로를 정당화하기 위해 덧붙이는 말들은 아주 많아.

- ♡ 다들 그러잖아!
- ♡ 젊음은 한 번뿐이야.
- ♡ 그런 일(사망, 체포, 중독)은 나에게 절대 일어나지 않을 거야.
- ♡ 담배를 피우거나 술에 취하거나 약을 하거나 과속하는 어른이 얼마나 많은데! 아무 일도 안 일어나잖아!
- ♡ 기분이 끝내주는데 이걸 안 할 이유가 있어?

분명 이렇게 느낄 수 있고 그건 자연스러운 일이지만, 어느 순간부터는 상식에 따라 행동해야 할 거야. 인생을 스스로 조절해야 할 때가 오면 행동에는 결과가 따른다는 사실을 깨닫겠지. 처음에는 무모하게 위험을 감수하는 일이 즐거울 수 있겠지만, 정말 현명한 사람은 그다음에 올 결과를 미리 내다보는 사람이야.

위험을 서슴지 않는 뇌를 어떻게 도우면 좋을까?

- ♡ 너만의 선택을 해 봐. 친구가, 또는 너의 뇌에서 감정을 담당하는 영역이 등 떠밀어서 하는 선택이 아니라 진짜 제대로 된 선택 말이야. 도파민은 스포츠, 롤러코스터, 스케이트보드, 트램펄린 같은 방법으로도 충족할 수 있어.

♡ 실패할 위험이 있지만 성공하면 정말 긍정적인 결과를 얻을 수 있는 도전을 해 봐. 연극 오디션을 보거나, 팀을 위해 앞장서거나, 발표를 하거나, 좋은 경쟁이 필요한 일을 해 보면 좋겠지? 너의 뇌는 그런 도전을 신체 활동과 비슷한 위험으로 인식해서 도파민과 아드레날린을 분비할 거야.

♡ 꼭 그래야겠다면 문제를 일으키는 수밖에는 없겠지. 하지만 그런 경우라도 자신의 미래나 건강, 다른 사람에게 해를 끼치는 방식이어서는 안 돼. 그랬다가는 평생 후회하면서 지내야 할지도 몰라.

위험한 사실

● 알코올은 뇌 속의 도파민을 증가시켜. 술을 마시면 쾌락을 위해 위험 감수 행동을 할 가능성이 훨씬 높아.

● 스트레스 역시 도파민 분출양에 영향을 줘. 그러니 스트레스를 많이 받으면 위험 감수 행동을 더 많이 하겠지.

● 음식, 알코올, 약물, 성행위 모두 도파민의 양을 증가시켜. 모두 인간이 즐거움을 얻으려고 추구하는 것이기 때문이지. 그렇지만 차이점이 있어. 음식과 성행위는 인간의 생존과 번영에 중요한 요소지만 알코올과 마약은 그렇지 않아.

● 또래 압력과 집단행동은 십대의 위험 감수 행동에 영향을 미쳐. 2017년에 실시한 미국 국가 범죄 피해 실태 조사에 따르면 12세에서 20세 사이의 청소년이 저지른 범죄의 40퍼센트가량이 한두 집단 또는 다른 여러 사람과 함께 저지른 일이라고 해. 30대 이상은 그런 경우가 5퍼센트 정도밖에 안 됐고.

♡ 지금 열일곱 살이라고? 의사 결정 능력은 그때쯤부터 향상된다고 해. 지금껏 잘 살아왔으니 위험한 상황을 거의 벗어난 셈이야. 아주 잘했어!

더 많은 정보를 얻으려면 아래 내용을 참고해 봐.

`알코올`

한국건강증진개발원에서 운영하는 음주 폐해 예방 교육 프로그램 절주온 : khepi.or.kr/alcoholstop

`약물`

한국마약퇴치운동본부 : drugfree.or.kr

`성적 합의 또는 성적 자기 결정권`

한국성폭력상담소 〈적극적 합의를 시작할 때〉 : PDF 다운로드 siters.or.kr/data/report/293

젠더온 유튜브 〈동의의 온도 - 상대방이 동의했다고 쉽게 판단하지 마세요〉 : youtube.com/watch?v=VCTTNhOr5Mk

`신체 이미지`

내 책 『14살부터 시작하는 나의 첫 몸 공부』를 읽어 봐.

진정한 자존감은 자신의 몸을 있는 그대로 사랑하고 친절하게 대하는 것에서부터 시작하는 것이 아닐까? 끊임없이 자신의 외모와 유명인의 외모를 비교하고 거기에 맞추려 한다면 아무리 다른 노력을 한다 해도 자존감을 지켜 내기는 어려울 거야. 불만과 비교의 굴레에서 벗어나 자신의 몸을 잘 가꾸고 건강하게 살아갈 비법이 이 책 안에 있어.

나는 얼마나 무모한 사람일까?

위험 감수 행동과 자극을 추구하는 욕구를 측정하는 짧은 테스트야. 문장을 읽고 네가 생각하거나 느끼는 방식을 잘 설명한다고 생각하는 것을 골라 A 또는 B에 동그라미를 치면 돼. 둘 다 너와 관련 없는 이야기인 것 같으면 둘 중 거부감이 덜한 것을 골라. 모든 질문에 답을 하는 것이 중요해. 네 감정에 솔직해야 해. 선택의 옳고 그름을 따지려는 것이 아니라 너를 정확하게 알려는 거니까. MBTI 검사와 비슷하다고 생각하면 될 것 같아. 네가 되고 싶은 성향이 아니라 네 마음이 가는 것을 고르면 돼.

1 A 나는 흥분되고 아무런 제약이 없는 모임을 좋아한다.

   B 나는 도란도란 대화를 나누는 조용한 모임을 좋아한다.

2 A 나는 다른 사람을 화나게 하거나 놀라게 하는 말이나 행동을 하는 사람이 싫다.

   B 나는 무슨 말과 행동을 할지 예측 가능한 사람이 지루하다.

③ A 나는 무슨 일이 벌어질지 예측할 수 있는 영화는 안 본다.

B 나는 무슨 일이 벌어질지 예측할 수 있는 영화도 잘 본다.

④ A 나는 낯설거나 위험한 영향을 미칠지도 모르는 약물은 사용하고 싶지 않다.

B 나는 환각을 일으키는 약물을 사용해 보고 싶다.

⑤ A 분별력이 있는 사람이라면 위험한 활동을 피해야 한다.

B 나는 가끔 살짝 겁나는 일을 해 보고 싶다.

⑥ A 나는 맛본 적 없는 새로운 음식을 먹어 보고 싶다.

B 나는 실망할 일이 없게 늘 같은 음식을 먹는 것이 좋다.

⑦ A 나는 수상 스키를 타 보고 싶다.

B 나는 수상 스키를 타지 않을 것이다.

⑧ A 나는 평범하고 일반적인 친구를 사귀고 싶다.

B 나는 예술가나 특이한 옷을 입는 파격적인 사람을 친구로 사귀고 싶다.

⑨ A 나는 물속보다 물 밖에 있는 것이 좋다.

  B 나는 스쿠버 다이빙을 하고 싶다.

⑩ A 나는 스카이 다이빙을 해 보고 싶다.

  B 나는 절대 하늘을 나는 비행기에서 뛰어내리고 싶지 않다.

⑪ A 나는 오직 경험을 위해 어떤 일에 도전하는 데는 관심 없다.

  B 나는 조금 무섭고 독특하고 불법이라도 새롭고 신나는 경험
    을 해 보고 새로운 감각을 느껴 보고 싶다.

⑫ A 나에게 멋진 예술이란 균형 잡히고 명확하며 색상이 조화로
    운 것이다.

  B 나는 현대 예술의 어울리지 않는 색과 불규칙한 형태를 즐
    긴다.

⑬ A 나는 집처럼 익숙한 환경에서 시간을 보내는 게 좋다.

  B 나는 집에 오래 머무르면 너무 지루해서 좀이 쑤신다.

⑭ A 나는 이성 친구와의 스킨십을 좋아한다.

  B 나는 이성 친구가 나와 가치관과 관심사를 공유하면 좋겠다.

⑮ A 친구들과 함께 어울릴 때 최악의 행동은 무례함이다.

B 친구들과 함께 어울릴 때 최악의 행동은 지루함이다.

⑯ A 결혼하기 전에 성적 경험을 폭넓게 해 보는 것이 좋다.

B 결혼한 두 사람이 성적 경험을 함께 시작하는 것이 좋다.

⑰ A 나는 가끔 다른 사람을 비하하더라도 신랄하고 재치 있는 사람이 좋다.

B 나는 다른 사람의 기분을 상하게 하면서까지 즐거움을 추구 하는 사람을 싫어한다.

⑱ A 영화에는 성적 묘사가 너무 자주 나온다.

B 나는 '성적인' 장면이 많은 영화가 좋다.

⑲ A 사람은 각 문화의 기준에 따라 옷을 입어야 한다.

B 사람은 가끔 이상해 보이더라도 각자의 방식대로 옷을 입어 야 한다.

⑳ A 산악 스키는 목발 짚기 딱 좋은 일이다.

B 나는 스키를 타고 가파른 산등성이를 빠르게 내려올 때의 느낌 이 좋다.

이 테스트는 우리가 갖고 있는 네 종류의 위험 감수 행동 성향을 알아보기 위한 도구야. 이제 하나하나 살펴보자.

모험과 흥분 추구
이 점수는 산악 등반처럼 물리적으로 위험한 일을 얼마나 열망하는지를 나타내. 높은 점수를 받았다면 위험하거나 모험심이 필요한 일을 즐긴다는 뜻이야. 모험과 흥분 추구는 5B, 7A, 9B, 10A, 20B를 각각 1점으로 쳐서 5점이 만점이야.

경험 추구
이 점수는 새로운 경험을 추구하고 다른 사람과 얼마나 다른 규칙을 따르고 싶어 하는지를 나타내. 이 점수가 높다면 다소 위험하더라도 새로운 경험을 갈망한다는 뜻이지만, 반드시 신체적인 경험만을 말하는 것은 아니야. 경험 추구는 4B, 6A, 8B, 12B, 19B를 각각 1점으로 쳐서 5점이 만점이야.

탈억제 성향
이 점수는 여러 사람과 어울리는 상황에서 고정관념 같은 것에서 벗어나 자신을 억제하지 않는 것이 얼마나 중요하다고 느끼는지를 나타내. 여기서 '억제'란 재미있는 일을 잘못되었거나 너무 위험하다고 생각해서 하지 못하게 막는 내면의 무언가야. 점수가 높다면, 사회적인 상황에서 너를 억제하는 힘에서 벗어나 좀 더 자유롭게 행동하고 싶어 한다는 뜻이야. 탈억제 성향은 1A, 11B, 14A, 16A,

18B를 각각 1점으로 쳐서 5점이 만점이야.

권태 민감성

이 점수는 반복되는 경험을 하거나 예측 가능한 사람들과 있을 때 얼마나 쉽게 지루함을 느끼는지 보여 줘. 높은 점수를 받았다면 쉽게 지루함을 느낀다는 뜻이야. 권태 민감성은 2B, 3A, 13B, 15B, 17A를 각각 1점으로 쳐서 더한 점수로 5점이 만점이야.

이 테스트를 통해 위험을 얼마나 쉽게 받아들이는지 간단하게 알아볼 수 있어. 친구와 해 보고 점수를 비교하는 건 어때?

감사를 전합니다. 이 테스트는 감각 추구 성향 척도(Sensation Seeking Scale)로, 델라웨어 대학의 마빈 주커만 박사가 처음 고안했습니다.

5장

나는 왜
쟤랑 다르게
행동할까?

- 소년의 뇌 vs 소녀의 뇌

여자는 무조건 핑크, 남자는 무조건 블루?

남자의 뇌는 정말 공간 감각이 더 발달했을까?

여자의 뇌는 정말 언어 능력이 더 뛰어날까?

우리집 기사님은 엄마고, 우리 아빠는 얼마나 섬세하다고~!

여성 호르몬과 남성 호르몬은 확실히 다른 거 인정!

그런데 뇌의 차이보다 뇌로 뭘 하는지가 더 중요한 거 아닐까?

◇◇ "크기가 문제가 아니야, ◇ 그걸로 뭘 하느냐가 중요해."

15세 아이들이 모인 교실에서 벌어진 일이야. 여름 방학이 끝나고 다시 만난 첫날이라 다들 할 이야기가 많은가 봐. 전학 온 여학생도 있네?

"산제이, 왔냐!"

"안녕, 존노!"

산제이가 존노의 등을 치고 책가방을 거꾸로 들었어. 존노는 몸을 날려 물건이 떨어지려는 찰나에 가방을 낚아채는 동시에 발로 산제이를 공격했지. 산제이는 방향을 살짝 틀어 의자 위로 뛰어올랐어. "그만 해, 산제이!" 누군가가 산제이를 보고 외쳤지.

교실에는 여학생들도 있어. 그중 한 명은 다리를 다른 여자아이의 무릎에 걸치고 앉았고, 한 명은 다른 아이의 입술에 립스틱을 발라 주는 중이야. 모두 가깝게 붙어 앉아서 서로를 툭툭 치고 만지며 이야기를 나눴지.

교실에는 혼자 혹은 둘씩 앉아 있는 학생들도 있어. 끼리끼리 모여 왁자지껄 떠드는 소리와는 상관없이 스마트폰을 들여다보거나 조용히 자기들끼리 이야기를 나누는 중이야. 화려한 장신구나 화장을 한 아이들도 있고, 아주 전형적으로 입은 아이들도 있네. 성별과 전혀 상관없이 입은 아이들도 있고.

그때 교실 문이 확 열리더니 리로이가 뛰어 들어왔어. 그러고는 놀란 표정으로 뒤쪽을 가리켰지. 아이들이 일제히 교실 문 쪽을 바라봤어.

으스대면서 톰모가 들어왔어. 머리칼을 오렌지색으로 군데군데 염색했어. 톰모는 방학 동안 키도 크고 근육도 불끈불끈 선명해졌어. 자기도 그런 자기 모습이 만족스러운 것 같아.

남자애들은 고래고래 소리를 지르고 난리가 났어. 여자애들도 놀라서 손으로 입을 가렸고. 하지만 이내 고개를 돌렸어. 별로 관심이 없거나 톰모가 원한 만큼의 관심을 주고 싶지 않은 거겠지.

남자애들이 무리 지어 톰모를 자기네 쪽으로 끌어당겼어. 톰모는 아이들의 시선을 끄는 데 성공한 것 같아. 공작새처럼 젠체하는 중이거든.

다시 교실 문이 열렸어.

"와! 캐럴라인이다!"

한 여학생이 외치자 남학생들이 일제히 고개를 돌렸어. 톰모도 그쪽을 바라봤지. 캐럴라인은 처음 보는 여학생과 함께 있었어. 큰 키에 긴 금발, 뽀얀 얼굴, 길게 뻗은 다리까지. 눈에 띄는 외모였어.

모두가 그 여자애를 바라봤어. 캐럴라인이 그 애를 여자애들이 앉은 곳으로 데려갔어.

"애들아, 이쪽은 사샤야. 사샤, 여기서부터 체리, 라라, 아이샤, 조지. 피어싱한 친구는 세라인데 곧 빼야 할걸? 아, 저쪽에 남자애들도 있구나. 애들아 사샤한테 인사해."

"안녕, 사샤."

남자애들이 한목소리로 말했는데 개중에는 갑자기 목소리를 높이는 아이들도 있었어. 다들 한마디라도 더 해 보고 싶은 눈치였지만 말을 하는 아이는 없었지. 말을 거는 대신 산제이는 스마트폰을 꺼냈고 존노는 가방을 뒤적였어. 분위기가 살짝 어수선해졌어.

마침내 톰모가 어색함을 깨고 입을 열었어.

"안녕, 사샤."

사샤가 무표정한 얼굴로 톰모를 쳐다봤어. 차분하게 책가방 속으로 손을 뻗으면서. 사샤는 자연스럽게 행동했어. 주변을 의식하지는 않았지만 모두가 자기를 바라본다는 사실을 알았지. 잠시 뒤 사샤가 뭔가를 꺼내서 자기 손바닥 위에 올렸어. 한 면이 10센티미터가 안 되는 짙은 선홍색 정육면체였는데, 눈처럼 보이는

푸른색 점 두 개가 달렸어. 사샤가 버튼을 눌렀어.

그러고는 톰모를 향해서 "이름이 뭐라고 했지?"라고 물었어. 남자애들이 웅성댔어.

"톰모야." 그렇게 대답하는 톰모의 목소리가 살짝 떨렸어. 얼굴을 붉히는 거 같기도 했고.

사샤가 정육면체를 톰모를 향해 들어 올렸어.

"오베론, 얘는 톰모야."

"안녕, 톰모."

정육면체가 대답했어. 두 눈이 톰모를 바라보는 것 같았지.

"오베론, 톰모의 뇌 크기가 어떤 것 같아?"

잠시 후 오베론이 "그런 정보는 없습니다. 뇌의 크기는 중요하지 않습니다. 중요한 것은 뇌로 무엇을 하는지입니다"라고 말했어.

남자애들이 웃음을 터트렸어. 필요 이상으로 크게 말이야.

"고마워, 오베론."

사샤가 톰모를 위아래로 훑어봤어.

톰모는 뭔가 말하려 애쓰다가 간신히 "선물 받았나 봐? 너무 꽃분홍색이라 좀 그렇지만. 그냥 내 생각이야"라고 했어.

"사실은, 내가 직접 만든 거야. 방학 과제로 내가 이걸 만드는 동안… 너는 아무래도 미용실에 있었겠네?"

헉하는 소리와 함께 교실 여기저기서 웅성대는 소리가 났어.

어떤 남자애는 "와! 센데!"라고 외치기도 했지.

사샤가 계속해서 말했어. "그건 그렇고, 머리 멋지다. 너무 오렌지색이라 좀 그렇지만. 그냥 내 생각이야. 탈색하려던 거야? 너처럼 짙은 색 머리에는 과산화수소를 넉넉히 섞어야 하는데. 근데 네 퍼스널 컬러는 파란색 계열인 것 같네. 오렌지색을 좋아한다면 어쩔 수 없지만"

사샤가 여자애들에게 걸어가자 아이들이 사샤를 중심으로 모여들었어. 톰모는 기가 죽은 티를 내지 않으려 했지. 존노가 톰모의 어깨를 두들겼어.

"크기가 중요한 게 아니란다, 톰모. 그걸로 뭘 하느냐가 중요하단다!"

남자애들은 선생님이 들어올 때까지 웃어 댔어.

이 친구들의 뇌에서는 무슨 일이 벌어지고 있을까?

남자와 여자의 뇌는 다를까? 만약 그렇다면 어떤 이유에서, 어떻게 다른 걸까? 과학자들은 남자와 여자의 뇌와 행동에 일반적인 차이가 있는지, 만약 차이가 있다면 그런 차이가 생물학적인 원인에서 발생했는지 아니면 환경적인 요인에서 생겼는지 오랫동안 논쟁을 벌여 오고 있어. 이것이 바로 '선천적이냐, 후천적이냐' 하는 논쟁이야.

크건 작건 우리의 환경과 경험, 즉 태어난 순간부터 우리에게 일어나는 모든 일은 뇌에 물리적 차이를 만들어. 그 결과, 행동에도 차이가 생기지. 하지만 그것만으로 남자가 하는 행동과 여자가 하는 행동에 존재하는 차이를 설명할 수 있을까? 뇌, 신체, 태어나기 전부터 살아가는 동안 분출되는 호르몬이며 사춘기에 생기는 차이 등등 우리의 생명 작용에서 기인한 차이도 있을 수 있잖아?

'뇌의 차이'에 관해 이야기할 때는 그 '차이'가 물리적이고 눈에 보이는 차이를 의미할 수도 있고, 뇌가 작동하는 방식의 차이를 의미할 수도 있다는 점에 주목해야 돼. 그 두 가지는 각각 다른 영역이거든.

과학자들끼리도 여성과 남성의 뇌에 측정 가능한 유의미한 차이가 존재하는지, 또 본성과 양육이 얼마나 영향을 끼치는지에 대한 의견이 달라. 어떤 사람들은 인간은 태어날 때부터 흥미로운 차이가 존재하는데, 실험실에서 이 차이를 측정할 수도 있고 특정 연령대 남녀의 뇌를 스캔하면 차이가 관찰된다면서, 생물학적으로 혹은 유전적으로 남녀 간에는 차이가 있다고 주장해. 또 어떤 사람들은 그런 차이는 부풀려졌거나, 잘못 해석되었거나, 단지 여자아이와 남자아이가 다른 방식으로 양육받고 자라면서 생겨난 것으로, 양육 환경이나 경험이 전부 또는 대부분의 차이를 만들어 낸다고 주장하지.

20세기에 들어서면서 대부분의 전문가는 남녀 간에 차이를 만들어 내는 것은 주로 양육 환경, 즉 사회와 경험이며 남자 아기와 여자 아기의 뇌는 기본적으로 똑같다고 믿었어. 하지만 문제는 그리 간단하지가 않아. 그 당시만 해도 위험 부담 때문에 병이 있는 환자들에게만 뇌 관련 실험을 할 수 있었는데, 20세기 말엽에 기능적 자기 공명 영상이 도입되면서 학자들은 건강한 뇌도 살펴볼 수 있게 되었거든. 과학자들은 우리가 어떤 옷을 입는지, 장난감으로 인형을 받았는지 트럭을 받았는지, 어떤 행동을 하면 칭찬받거나 보상을 받았는지 등등으로는 남녀 뇌 간의 차이를 일일이 설명하기 어렵다는 사실을 확인했지.

개정판을 출간하려고 많은 자료를 조사한 뒤 내가 내린 결론은 이거야. 본성과 양육은 서로 복잡하게 뒤엉켜서 어느 것이 더 큰 영향을 미친다고 말하기가 어렵다는 것. 우리에게 일어나는 일은 우리의 행동과 능력에 막대한 힘을 행사해. 하지만 생명 작용 역시 대단한 힘을 가졌고, 성별뿐만 아니라 개인차가 큰 유전자와 호르몬의 역할 또한 무시하기 어려워.

이번 개정판에서 나는 두 가지를 고려했어. 먼저 최신 연구로 밝혀진 과학적 사실을 실으려고 했고, 의견 충돌이 있는 부분은 명확히 밝히려고 했어. 양쪽 의견이 워낙 팽팽한 데다 정보가 계속 새롭게 바뀌는 중이니 인터넷 검색을 하거나 관련 논문을 찾아 읽어 봐도 좋아. 서로 다른 의견을 제시하는 과학자들의 주장을 되도록 많이 읽어 보고 전체적인 내용을 이해하는 방법을 추천할게.

두 번째로 나는 생생한 경험을 담기 위해 교사, 학생들과 많은 이야기를 나눴어. 학생과 교사들은 여자아이들과 남자아이들 간에 특징적인 행동의 차이가 있다고 봤어. 즉, 일부 과학자와 전문가들이 차이가 없다고 믿는다 해도 (누구보다 십대를 많이 접하는) 교사들은 차이를 목격하고 경험한다는 뜻인데, 그렇다면 이런 의견에 대해서도 생각해 볼 가치가 있을 거야.

생물학적 성과 사회적 성?

매우 중요한 주제인 데다 이야기하는 방식에 대해서도 의견이 분분해. 나를 포함해 많은 사람들이 구분하는 방식대로 설명하자면, '생물학적 성'은 대개 한 사람을 남성 혹은 여성으로 성장하게 하는 생명 작용, 즉 호르몬을 포함한 성별 특성과 생식 시스템을 가리켜. '사회적 성'(젠더라고도 하지)은 자신을 어떻게 인식하는지를 설명하는 말로, 스스로를 남성 혹은 여성 중 무엇으로 느끼는지, 만약 이러한 이분법을 따르지 않는다면 자신을 그 중간 범위 내 어디에 위치한 성별로 느끼는지를 뜻해. 생물학적으로 남성(혹은 여성)적 특성을 가졌더라도 자신을 남성(혹은 여성)과 동일시하지 않는 사람들이 있어. 만약 네가 그런 경우라면 믿을 만한 어른에게 어떤 기분인지 털어놓고 의논하기를 추천해.

이 책은 인간의 뇌와 행동의 생물학적 현상에 집중할 거야. 너에게 '남자는 이래야 해' '여자는 저래야 해' 하는 식으로 어떻게 되어야 한다고 가르칠 의도는 전혀 없어. 내가 '남성'이나 '여성'을 언급할 때는 젠더 정체성이 아닌 생물학적 성을 관찰해서 발견된 특징에 대해 얘기하는 거라는 걸 잊지 마!

평균에 관한 주의 사항

이 책에서 하는 남성과 여성의 뇌에 대한 설명은 평균, 즉 전형적이고 일반적인 행동에 관한 것이라는 점을 기억해 두면 좋겠어. 모든 남성의 뇌 또는 여성의 뇌가 특정한 방식으로 작동한다는 뜻이 아니야. 남성과 여성의 뇌는 아주 많은 부분에서 비슷하고, 너는 유전자와 호르몬과 감정과 경험이 독특하게 섞인 유일한 존재야.

또한 과학자들이 '남녀의 뇌는 이런 부분이 달라요'라고 할 때 사실 그 차이는 아주 작을 수도 있다는 점에 주목했으면 좋겠어.

어떤 부분은 그 차이가 너무 작아서 흥미롭지도 않을 지경이야. 하지만 또 그런 작은 차이가 행동이나 기능에 있어 우리가 아직 이해하지 못하는 방식으로 큰 차이를 만들어 낼 수도 있어. 예를 들어 아인슈타인의 뇌는 크기나 모양에서 다른 사람의 뇌와 주목할 만한 차이는 없어 보이는데(이것도 확실하지는 않지만) 아인슈타인이 그 뇌로 한 일은 일반적인 사람들과 확연히 달라.

뇌신경학적 성차별에 관해

'뇌신경학적 성차별'이란 『젠더, 만들어진 성』의 저자 코델리아 파인이 처음 쓴 표현이야. 코델리아 파인은 여성 또는 남성의 뇌에 차이가 있다는 과학적 증거는 부족한 데다 확실하지 않은데 관련 연구들은 남녀가 뇌신경학적으로 차이가 있을 거라는 연구를 바탕으로 실행되고 다시 그런 유사한 결과를 낳는다고 주장해. 뇌신경학적 성차별은 여성의 뇌는 선천적으로 어떤 능력(회사 운영, 기술자가 되는 데 필요한 능력 등)은 부족하고 다른 능력(양육, 돌봄 등)은 우월하다고 믿는 사고방식이야. 뇌신경학적 성차별주의자는 여성은 간호사나 자녀 양육 같은 돌봄 관련 직업을 선택하는 경향이 있는데, 이는 여성의 뇌가 생물학적으로 그런 일을 훨씬 잘하게 만들어졌기 때문이라고 믿어.

"여자아이들은 A와 B와 C를 잘하고 남자아이들은 X와 Y와 Z를 더 잘해"라는 고정된 사고방식에서 나온 신념을 고수하는 일은 잘못된 거야. 전혀 도움이 될 것도 없고. 먼저, 이 주장은 개인 간에 차이가 있다는 점을 간과하고 있어. 두 번째로, 어떤 능력이든 연습을 하면 키울 수 있다는 사실도 무시하고 있고. 세 번째로, 좀 더 유연한 방식으로 가르치면 남성이든 여성이든 특정한 일을 동등하게 잘하리라는 사실을 고려하지 않아. 마지막으로, 남성과 여성의 차이점이 사회, 양육 환경, 교육으로 생길 수 있다는 점을 무시해.

미국 로체스터대학, 시카고대학, 카네기 멜론대학 공동 연구팀은 아동, 청소년들의 뇌 발달에 대한 조사를 실시했는데 남녀 간 뇌 기능이나 수학 능력에서 성별의 차이가 없다는 사실을 규명했다고 밝혔어.

만약에 남녀 간에 생물학적 차이가 존재한다면, 그 차이가 무엇인지를 정확히 알고 모두에게 평평한 경기장을 제공할 수 있도록 고민해야 할 거야. 이번 장에서 성의 생물학적 차이를 탐구하고 논의하는 건 너에게 특정한 방식으로 행동하라고 가르치기 위해서가 아니야. 네 성별이 무엇이든 간에 너는 네 인생을 스스로 선택할 수 있어. 네 마음이 가는 것이라면 무엇이든 해낼 수 있다는 점을 잊지 마!

과학자들은 뇌와 행동에서
어떤 차이를 찾아냈을까?

여기서 소개하는 예시들은 평균적인 이야기일 뿐만 아니라 모든 연구가 동의하는 바도 아니고 측정된 차이점은 아주 미미하다는 사실을 기억하자. 순수하게 생물학적인 차이일 수도 있고 환경에 의해 만들어진 것일 수도 있지. 또 통계학적으로 큰 의미가 없을 수도 있어.

세부 사항과 체계에 대한 집착 – 사이먼 배런코언 박사는 그의 책 『그 남자의 뇌, 그 여자의 뇌』에서 남성의 '체계화하는 뇌'에 대해 설명해. 배런코언 박사에 따르면 일반적인 남성은 일반적인 여성보다 목록을 짜고 통계를 내고 체계적으로 작업하는 일에 훨씬 관심이 많다는 거야. 사이먼 배런코언 박사는 자폐 스펙트럼 장애에 관한 연구 분야에서 손꼽히는 전문가인데, 일반적인 자폐 증상의 특징으로 세부적인 것, 목록, 통계, 사실 같은 것을 좋아한다고 주장해. 배런코언 박사는 자폐 스펙트럼을 극단적인 남성의 뇌에서 기인하는 일련의 행동이라고 봤어. 이것을 '극단적 남성의 뇌' 이론이라고 부르는데, 반박 의견도 많지만 이 이론을 지지하는 증거들도 있어. 2018년에 70만 명을 대상으로 진행된 대규모 연구가 그 한 예야.

자폐 스펙트럼 진단을 받는 사람은 여성보다 남성이 더 많은데, 자폐 스펙트럼 여성은 대개 살짝 다른 양상을 보여서 다른 사람들이 자폐 성향을 눈치채지 못할 때가 많기 때문이야. 또 여성들이 뒤늦게나마 자폐 스펙트럼 진단을 받는다는 점을 고려해 보면 극단적 남성 뇌 이론은 모호한 부분이 많아. 하지만 자폐 스펙트럼 여성이 남성과 다른 모습을 보인다면, 그 자체로 남성과 여성의 뇌에 차이가 있다는 사실을 어느 정도 보여 주는 증거가 될 수 있겠지. (정확하게 입증된 것은 아니지만.)

그런데 교사, 학생들과 이야기를 나눠 본 결과 이들은 남성이 여성보다 목록과 체계를 만드는 데 관심을 보이는 경향이 많다는 주장을 납득하기 어렵다는 입장이었어. 어쩌면 부모가 남자아이들이 관심 있으리라고 생각하고 사실적이고 논리성에 기반한 장난감과 활동 기회를 더 많이 준 것은 아닐까? 장난감 가게에 가면 남자아이들과 여자아이들이 서로 다른 장난감을 향해 달려가는 모습을 볼 수 있을 거야. "남자아이들은 과학, 기술, 공학, 수학과 관련된 일을 더 잘해"라거나 "남자아이들은 과학, 기술, 공학, 수학을 좋아해"라는 말을 계속 듣는다면 어른들은 남자아이들에게 그에 맞춘 장난감을 사 주고 싶은 마음이 들겠지. 그런 장난감을 훨씬 많이 가지고 논 남자아이들은 여자아이들보다 이런 주제에 더 익숙할 테고 관련 활동도 자신감 있게 해낼 거야. 남자아이들은 장난감을 쌓아 올려 건축물을 만들 때마다 칭찬받고,

여자아이들은 상냥하고 배려하는 행동을 할 때마다 칭찬을 받아. 이것이 바로 '강화'야.

　사회적 기술과 유대감 - 내가 대화를 나눈 학생과 교사들은 여자아이들은 자기 몸을 꾸미는 일뿐만 아니라 서로의 신체를 접촉하는 일이 많고 우정을 쌓기 위해 칭찬을 한다는 데 압도적으로 의견을 같이했어. 남자아이들은 싸움 놀이를 하거나 (실제로 혹은 시늉만으로) 공격성을 표출하는 상황에서 서로 신체 접촉을 할 때가 많지만 서로 관심을 보이거나 공감하는 언어를 사용하는 경향은 덜했지. 이런 차이점도 어떤 행동을 할 때 보상받고 비난받았는지에 따라 만들어졌을 가능성이 있어.

　공감 - 사이먼 배런코언 박사는 일반 여성의 '공감하는 뇌'에 관해 이야기했어. '공감'이란 다른 사람의 입장이 된다면 어떤 감정을 느낄지 이해하는 능력인데, 평균적으로 여성이 남성보다 훨씬 공감을 잘해. 성별 간 차이점 중 가장 만족할 만한 발견으로 꼽히지. 그렇다고 해서 모든 여성이 남성보다 그렇다는 뜻은 아니야. 통계적으로 높은 점수를 기록했다는 의미일 뿐이지. 즉, 여성이 공감 능력을 능숙하게 발휘하는 건 이 능력을 활용할 기회가 많았고 칭찬으로 강화되었기 때문이라고도 볼 수 있어.
　몇몇 소규모 연구에서는 여성에게 테스토스테론을 주입하자 공감 능력 점수가 낮아졌다는 결과가 나오기도 했어. (성호르몬인 테스토스테론은 대개 남성에게서 훨씬 수치가 높아.) 하지만 남성에게 테스토스테론을 추가로 주입했을 때는 공감 능력에 변화가 없었기 때문에 이 연구는 큰 의미가 없을지도 몰라.

지도를 인식하는 능력 - 길을 찾을 때 남성과 여성의 뇌가 작동하는 법에 대한 다양한 연구 결과가 있어. 특정한 장소에 가는 방법을 기억하거나 설명할 때 여성들은 주요 지형물을 기억해 묘사하는 경향이 있었고, 남성들은 지도 자체를 인식해서 거리와 좌우 방향으로 길을 설명하는 경향이 있었어. 또한 남성은 평균적으로, 시간과 거리를 예측하는 능력과 입체 모형을 각기 다른 각도에서 그려 보는 '심상 회전' 능력이 뛰어났어.

다시 한번 말하지만, 이런 능력 역시 어린 시절 가지고 놀던 장난감이나 노는 방식 덕분에 남자아이들이 이런 능력을 훈련할 기회가 훨씬 많았다는 점이 영향을 미쳤을 수 있어.

언어 능력 - 남자아이들은 자기를 말로 표현하거나 설명하는 일을 어려워하고, 언어를 배울 때도 문제를 겪는 일이 많아. 반면 여자아이들이나 성인 여성은 사용하는 어휘가 더 풍부하고, 표현이 더 정확하고, 사용하는 문법이 더 복잡해. 남자아이들과 성인 남성들은 난독증을 겪거나 말을 더듬고 말문이 막히는 등 여러 가지 언어 문제를 겪는 경향이 있어.

이 점에 관해서는 여러 가지 해석이 있는데, 그중 하나는 여성이 언어를 사용할 때 활성화되는 뇌의 영역이 남성과 다르다는 거야. 여성은 뇌의 좌우 반구를 대칭적으로 사용하는데, 남성은 왼쪽 뇌를 훨씬 많이 사용하는 경향이 있어. 이 결과가 어느 정도 사실일지도 모르지만, 2018년 발표된 대규모 연구 결과에 따르면 남성과 여성 간에 차이가 있다고 하더라도, 남성은 지도 인지에, 여성은 언어 능력에 이점이 있는 이유를 정확히 설명해 주지는 못한다고 해.

다시 한번 말하지만, 지금까지 말한 여러 능력에 남성과 여성 간의 차이가 존재한다면, 이는 어른들이 남자아이와 여자아이를 태어난 순간부터 다르게 대하면서 만들어졌거나 적어도 자라면서 그 차이가 커졌을 가능성이 충분하다는 거야.

여러 연구자들이 확인한 남성과 여성의 차이점들을 살펴보자.

평균적으로 남성은

♡ 말하는 동안 더듬거나 주저하는 경향이 많아.

♡ 여성보다 난독증을 겪을 가능성이 높아.

♡ 여성보다 자폐 스펙트럼 성향으로 진단받을 가능성이 높아.

♡ 여성보다 살인자가 될 가능성이 높아. 남성이 남성에게 살해당하는 경우는 여성이 여성에게 살해당하는 경우보다 30배에서 40배 더 높아.

♡ 여성보다 공간을 지각하는 능력이 뛰어나. 던지기와 조준하기도 훨씬 잘해.

♡ 작은 움직임을 잘 감지해.

♡ 우울증으로 치료를 받을 가능성은 훨씬 낮지만 자살로 죽을 가능성은 훨씬 높아.

♡ 우울증의 증상으로 분노를 드러낼 가능성이 매우 높아.

♡ 여성보다 투렛 증후군, 파킨슨병, 조현병, 주의력 결핍 과잉 행동 증후군을 겪을 가능성이 높아.

평균적으로 여성은

♡ 각 발달 단계에 남성보다 더 일찍 도달해.

♡ 남성보다 더 많은 단어를 사용해서 긴 문장을 만들고 더 복잡한 문법을 사용해.

♡ 패턴, 그림, 색깔에서 작은 차이를 알아차리는 데 뛰어나.

♡ 지도를 통째로 인지하기보다 주요 지형 지물을 활용해서 길을 찾아.

♡ 남성보다 위험 감수 행동을 할 가능성이 낮아.

♡ 남성보다 우울증에 걸리거나 자살 시도를 할 가능성이 더 높아.

♡ 남성보다 편두통, 다발성 경화증, 알츠하이머를 앓을 가능성이 더 높아.

남성들은 자폐 스펙트럼, 난독증, 언어 장애, 색맹, 조현병,

ADHD, 투렛 증후군, 파킨슨병을 진단받을 가능성이 여성보다 훨씬 높다고 해. 뇌졸중 같은 뇌 손상에서 회복하는 일도 훨씬 어렵고.

반면 여성은 편두통, 다발성 경화증, 알츠하이머 병을 진단받을 가능성이 훨씬 커. (알츠하이머 병은 대개 나이가 많이 들어서 걸리는 질환인데, 여성은 평균적으로 남성보다 더 오래 살기 때문에 걸릴 가능성이 높아.) 반면 여성은 나이 들어서까지 기억을 유지하는 능력이 남성보다 높은 경향이 있어. 다만 갱년기를 거치면서 신체적, 정신적으로 어려움을 겪기도 해.

소년과 소녀의 뇌

연구자들은 십대 소녀와 소년의 뇌에서 이런 차이를 발견했어.

- ♡ 십대 소년은 편도체가 빠르게 성숙해.
- ♡ 십대 소녀는 해마가 빠르게 성숙해.
- ♡ 소뇌는 소년이 소녀보다 14퍼센트 더 커.
- ♡ 기저핵은 소녀가 훨씬 커.
- ♡ 전반적으로 소녀가 소년보다 각 발달 단계에 일찍 도달해.

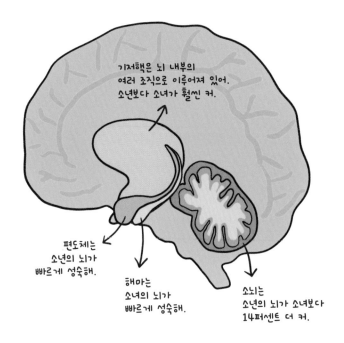

기저핵은 뇌 내부의
여러 조직으로 이루어져 있어.
소년보다 소녀가 훨씬 커.

편도체는
소년의 뇌가
빠르게 성숙해.

해마는
소녀의 뇌가
빠르게 성숙해.

소뇌는
소년의 뇌가 소녀보다
14퍼센트 더 커.

　그래서 이런 차이는 무얼 말하는 걸까? 사실 별것 아닐지도 몰
라. 그런데 편도체는 분노처럼 순간적으로 느끼는 기본 정서를
담당하고, 해마는 중요하고 다양한 기억 관련 업무를 맡으며, 소
뇌는 신체의 협응력에 중요한 역할을 하고, 기저핵(투렛 증후군과
ADHD가 있는 사람들은 유독 이 부분이 작아)은 전두엽이 제 역할을
하도록 돕는다는 점을 주목할 필요가 있어.

성호르몬

호르몬은 우리 몸속에 있는 화학 물질이야. 대부분이 뇌에서 만들어지지. 호르몬은 우리가 어떤 감정을 느끼는지에서부터 남성 혹은 여성의 성적 특징을 발달시키는 일에까지 몸의 여러 부분에 다양한 영향을 미쳐. 특히 자궁에서 시간을 보내기 시작할 무렵부터 성별 차이에 큰 역할을 담당하지.

정자와 난자가 수정되면 배아의 성별은 항상 여성으로 시작해. 6주에서 7주 동안 호르몬의 효과가 나타나면서 이 배아의 성별을 계속 유지할지 남성으로 바뀔지가 결정되고. 즉, 네가 남성이라면 너도 옛날 옛적(배아 시절)에는 여성이었다는 뜻이야!

주요 성호르몬으로는 남성에게 주로 분비되는 테스토스테론과 여성에게 주로 분비되는 에스트로겐이 있어. 그치만 남성에게도 소량이나마 여성 호르몬이 있고 여성에게도 마찬가지야. 남성과 여성 모두에게 다양한 개인차가 존재해.

호르몬은 감정에만 영향을 미치지 않아. 물리적 뇌에도 영향을 미치고, 뇌 내부에서 관찰되는 성별 차이의 원인으로 여겨지기도 해.

호르몬의 분비 정도는 일생 동안 계속 바뀌는데, 남성과 여성 간의 차이가 분명해지는 사춘기 동안 매우 활발하게 분비돼. 계절에 따라 변하기도 하고, 여성의 경우 월경 주기에 맞춰 변하기도 해. 호르몬의 변화에 따라 감정에도 기복이 생기고 몸에도 다양한 변화가 일어나.

에스트로겐 - 에스트로겐의 역할 중 하나는 도파민을 증가시킨다는 거야. 도파민은 세상을 밝고 낙관적으로 보게 하지만, 반대로 어둡고 슬프게 보게 할 수도 있어. 도파민은 감정 변화의 원인으로 작용해. 하지만 모든 여성이 감정 기복을 겪는 건 아니고, 감정 기복이 모두 성호르몬과 관련 있는 것도 아니야. 남성도 감정 기복을 겪어.

테스토스테론 - 테스토스테론이 많아지면 공격적인 행동을 할 가능성이 높아져. 격렬한 운동을 한 뒤에나 운동을 하는 중에 테스토스테론이 증가하는데, 특히 이기는 팀에서 뛸 때 (혹은 관중석에서 이기는 팀을 응원 중일 때도) 테스토스테론이 증가한다는 연구 결과들이 있어. 고릴라가 "내가 얼마나 강하고 멋진지 봐라" 하고 공격성을 드러내면서 가슴을 치는 장면을 상상해 봐. 남성에게 테스토스테론이 한껏 분출될 때 일어나는 일이 바로 그런 거야.

테스토스테론은 (남성과 여성 모두에게) 여드름의 주요 원인이야. 만약 여드름 때문에 고민이라면 의사의 처방을 받아서 살 수 있는 좋은 치료제가 많으니 꼭 병원에 가 봐.

남성과 여성의 뇌가 다르다면 그 이유는 뭘까?

다시 한번 초기 인류에 대해 생각해 보자. 여자는 아기를 낳고 남자는 낳지 않잖아? 이 때문에 여자와 남자는 서로 다른 역할을 맡았어. 초기 인류의 사회는 수렵 채집을 기반으로 했어. 농경이 시작된 신석기 시대까지는 수렵 채집 사회였을 것으로 추측하고 있어. 가축을 기르지 않고, 사냥이나 채집으로 먹거리를 획득하는 사회였던 거지. 수렵 채집 사회에서는 남성이 야생 동물을 사냥하고, 여성이 거주지 부근에서 열매나 다른 식물을 채집하면서 아이를 돌보는 식의 역할 분담이 효율적이었어.

남성은 먼 거리를 나갔다가 돌아오고, 무기를 정확히 던지고, 움직이는 동물의 속도를 판단할 능력과 힘이 필요했어. 여성들은 엇비슷한 식물 간의 차이를 구분하고 독성이 있는 것을 기억할 필요가 있었지. 아이를 기르며 이런 지식과 생활 방식을 전수했을 거야. 밀접한 사회 집단끼리 협동하고 유대감을 맺고 함께 아이를 돌볼 필요도 있었으니 서로 잘 지내야 했겠지. 또 남성은 여러 여성과 짝짓기를 하면서 자기 유전자를 퍼트릴 수 있지만 여성은 적은 수의 자녀만 낳을 수 있으니 누구와 짝짓기를 할지 매우 까다

롭게 골랐을 거야. 그리고 여성은 아이를 낳기 위해 매우 많은 에너지를 써야 하지만 남성은 그렇지 않잖아. 여성은 잃을 것이 많으니 짝을 신중하게 선택해야 했겠지.

이런 점들은 오늘날 남성과 여성에게서 관찰되는 여러 차이점과 관련이 있을 거야. 남성과 여성의 다른 역할과 필요 때문에 우리의 뇌는 각각 다르게 진화했어. 그런데 진화하는 데는 무척 오랜 시간이 걸리기 때문에 지금도 우리는 이런 차이를 겪는다고 할 수 있지.

남편이랑 마트에 가면 우리는 과거의 수렵 채집인들과 상당히 비슷한 방식으로 행동해. 남편은 마트에 들어서자마자 저쪽 끝으로 뛰어가서 기세등등하게 물건 하나를 들고 온 다음 다른 물건을 찾기 위해 급하게 자리를 떠. 나는 진열대를 위아래로 찬찬히 훑어보면서 필요한 물건을 고르지. 만약 우리 둘에게 각자 물건을 사라고 한다면 남편은 매우 맛나고 (아마도 비싼) 물건들로 쇼핑 카트를 한가득 채울 테고 나는 우리에게 꼭 필요하지만 고리타분한 물건들만 담을 거야. (물론 안 그런 부부도 있을 거야.) 우리는 수렵 채집인들보다 훨씬 잘 차려입고 내 남편은 초콜릿을 사냥하려고 창을 던질 필요는 없지만 어떤 면에서는 10만 년간 크게 바뀌지 않은 듯해.

이 이론은 본성이냐 양육이냐 하는 논쟁에서 양육의 편을 들어. 탄생 첫날부터 남성과 여성은 매우 다른 대우를 받거든. 만약에 부모, 친척, 선생님, 다른 아이, 낯선 사람 등등 자라면서 만나는 수많은 사람이 남성과 여성을 같은 방식으로 대한다면 일반적인 남성과 일반적인 여성의 행동이 서로 다를 일도 없겠지. 알다시피 우리에게 일어나는 모든 일은 우리의 뇌를 조금씩 바꿔 놓거든.

사람들은 자신이 속한 집단이나 주변 사람들을 따르는 경향이 있다는 점 역시 이유가 될 수 있을 거야. 예를 들면 소녀는 분홍색을, 소년은 파란색을 좋아한다는 선입견에 생물학적인 이유는 전혀 없어. 전부 사회와 광고와 마케팅이 강요하는 것들이야. 그럼에도 여자아이들은 분홍색 옷을 고르고 남자아이들은 파란색 옷을 고르는 일이 벌어지는 까닭은 '무의식적으로' 적응하기 위해 노력하기 때문이야. 놀림당하거나 소외되지 않기 위해서, 집단의 일원이 되기 위해서지.

환경적 원인이 어떤 색의 장난감을 고를 것이냐 같은 사소한 문제에만 영향을 미치는 건 아니야. 행동에도 필연적으로 영향을 미쳐. 이번 장을 시작할 때 읽은 이야기처럼 여자아이들은 다른 여자아이들의 행동을, 남자아이들은 다른 남자아이들의 행동을 따라 할 때가 많아. 성 역할 행동은 그렇게 만들어져.

남성과 여성 간에는 흥미로운 차이가 하나 더 있어. 여자아이들은 생식 능력이 완전히 성숙하기도 전에 성숙한 여성의 외모를 갖추는데, 남자아이들은 온전히 성숙한 남성의 외모를 갖추기 전에 생식 능력이 완전히 성숙해. ('생식 능력이 완전히 성숙했다'는 말은 임신하거나 건강하게 임신을 유지할 가능성이 매우 높은 생물학적 상태를 의미해.)

여성은 19세에 이르러야 생식 능력이 완전히 성숙하는데(이보다 훨씬 어린 나이에도 임신이 가능하기는 하지만) 이런 상태에 이르기 전에 성인 여성의 외모를 갖추는 경우가 흔해. 반면 남성은 훨씬 어린 나이에 완전한 생식 능력을 갖추지만 근육이나 골격이 성인 남성의 모습을 갖추려면 시간이 더 지나야 해서, 적어도 18세까지는 상대적으로 소년처럼 보이는 경우가 많아.

인류는 왜 이런 선택을 한 걸까? 초기 인류의 성인 남성과 여성은 생식 능력이 완전히 성숙한 같은 성별의 청소년에게 위협을 느꼈을 거야. 그러니 같은 성별의 청소년을 가르치고 돌보는 데 시간을 들일 까닭이 없겠지? 남성 청소년은 싸워서 죽이고 여성 청소년은 집단에 받아들이지 않거나 억압했을 가능성이 높아. 이런 과정을 거치면서 이런 류의 청소년들은 살아남지 못했을 거야. 이런 일은 다른 포유류 집단에서도 종종 일어나는데 크게 문제가 되지 않는 이유는 청소년기가 짧고 배울 것이 많지 않기 때문이야. 이론을 정리하면, 인류 초기에 성인 여성은 외모는 성숙하더라도 생식 능력은 완전히 성숙하지 않은 소녀들에게 위협을 느끼지 않고 사회적 기술과 자녀 양육법 등을 흔쾌히 가르쳤어. 성인 남성은 외모가 위협적이지 않고 약해 보이는 청소년기 소년에게는 기꺼이 사냥 기술을 가르쳤지. 그러면서 이런 유전자들이 계속 보존되고 지금까지 이른 게 아닐까?

이런 차이는 오늘날의 십대와 어떤 연관성이 있는 걸까?

학습 - 내가 만난 교사들에 따르면 남자아이들은 막판에 몰아서 공부하는 경향이 있는 반면 여자아이들은 미리 체계적으로 공부하는 경향이 있다고 말해. 벼락치기로 공부하는 습관이 있는 남자아이라면 이런 성향을 인정하고 미리 공부를 하는 편이 도움이 될 거야.

그런데 남자아이와 여자아이가 이렇게 다르다면 각각 다른 지도법을 써야 할까? 나는 이런 일은 별 도움이 안 된다고 생각해.

185

다수의 행동 방식을 따르지 않는 학생도 있는 법이거든. 네가 체계화하는 학습 방식을 사용할 때 학습하는 것이 더 쉬운지(이를테면 언어를 배울 때 문법 규칙부터 익히는 거지), 실제 사례를 통해 배우거나 토론을 할 때 더 쉽게 배우는지, 아니면 암기식으로 학습하는 게 좋은지 알아보는 것은 좋아. 이런 정보를 활용해서 더 효율적으로 공부할 수 있을 테니까.

감정적 행동 - 우리는 전전두피질을 이용해서 감정 반응을 이해하고 조절해. 여자아이들은 남자아이들보다 각 발달 단계에 일찍 도달하는 덕분에 이 부분에서 유리할 수 있지. 남자아이는 자기 조절 능력이 발달하는 데 오랜 시간이 걸려.

하지만 나이와 상관없이 스트레스를 받을 때는 감정을 통제하기가 어려운 건 누구나 마찬가지야. 남자아이나 여자아이 모두 감정 문제로 큰 스트레스를 겪지. 성격, 환경, 가족, 개인적인 스트레스가 생물학적 성별이나 사회적 성별로 생기는 차이보다 감정에 훨씬 큰 영향을 미쳐.

정신 건강 - 소녀와 성인 여성은 소년과 성인 남성보다 불안, 우울, 다른 정신 건강상의 문제를 겪는 일이 훨씬 많다고 해. 여성이 정신 질환을 진단받는 일이 훨씬 많다는 점을 생각해 보면 이건 분명 사실일 거야. 하지만 소녀와 여성은 자신이 겪는 어려움을 이야기해도 된다고 생각해서 일찍 도움을 청하고 그 덕분에 진단 받는 일도 많지만, 소년과 남성은 문제를 숨기기 때문에 드러나지 않을 수도 있어. 이 부분은 꼭 짚고 넘어가야겠어. 문제를 숨기는 건 바람직하지 않아!

나와 이야기를 나눈 교사와 학생들도 이 점에 크게 동의했어. 똑같이 도움이 필요한 상황에서 남자아이들은 도움을 구하는 일이 확연히 적다는 거야. 어른에게 도움을 구하면 다른 남자아이들에게 놀림을 당할 위험이 크다고 교사들은 입을 모았어. 힘내요, 소년들, 여러분도 도움을 청해야 해요. 그건 부끄러운 일이 아니랍니다.

위험 감수 행동 - 남자아이들은 안전벨트를 하지 않거나 헬멧을 쓰지 않고 오토바이를 타거나 음주 운전을 하거나 범죄를 저지르는 등 무모하고 위험한 행동을 여자아이들보다 더 많이 해. 여자아이들이 남자아이들보다 많이 하는 무모한 행동은 체중 감량을 위한 단식, 구토, 다이어트 약을 복용하고 운동을 멀리하는 일 등이고.

이처럼 남자아이들과 여자아이들은 각기 다른 형태의 위험 감수 행동을 하는데, 부모와 교사는 이에 따라 다르게 대처해야 할 거야. 선천적이건 후천적이건 소년과 소녀는 서로 다르기에 각각 다른 조언과 전략이 필요한 거지. 하지만 그보다 개인적인 차이를 잘 관찰하는 일이 생물학적 혹은 사회적 성별에 따라 일괄적으로 교육하는 것보다 훨씬 중요할 거야.

몸의 변화 - 앞에서 남자아이들은 성인 남성의 모습을 늦게야 갖추는데 여자아이들은 성인 여성의 외모를 더 일찍 갖춘다고 말한 것 기억나지? 이 점은 아주 중요해. 소녀들은 신체 외형의 변화가 급격히 일어나면서 자기 자신을 뚱뚱하다고 생각하는 일이 많거든. 몸이 내 통제를 벗어나서 변할 때 당황하고 스트레스를 받는 것도 당연해. 게다가 내가 원하는 방향이 아니거나 또래의 모습과 같지 않을 때도 스트레스가 클 거야.

안타깝게도 남자아이들과 여자아이들 모두 체중에 대해 지나치게 민감하게 받아들여. 심지어 10세도 안 된 어린이들조차 몸무게를 걱정하면서 다이어트를 시도하기도 하지. (다이어트를 해 본 경험이 있는 10세 소녀가 80퍼센트에 이른다는 연구 결과도 있어. 소년들도 다이어트를 해. 하지만 소녀들에게서 훨씬 일반적이야.) 음식을 지나치게 제한할 때의 위험은 신경성 식욕 부진증(거식증)이나 폭식증 같은 섭식 장애가 생길 수 있다는 거야. 하지만 그런 심각한 상태에 이르지 않더라도 다이어트를 하면 몸에 필요한 영양분이 부족해져서 장기적으로 볼 때 건강에 해로워. 여자아이들은 뼈를 튼튼하게 하는 칼슘이 꼭 필요하고 월경을 하면서 혈액과 함께 철분이 빠져나가기 때문에 철분 섭취도 중요해.

남자아이들도 체중을 지나치게 감량하려 하면 건강에 문제가 생길 수 있어. 동시에 남자아이들은 상체 근육을 발달시키려 하는데, 이때 식단을 바꾸고 특정한 운동에 강박적으로 매달리기도 해. 문제는 적절한 생물학적 발달 단계에 이르러서 테스토스테론이 생성되기 전에는 원하는 만큼 근육을 발달시키기가 어렵다는 거야. 자칫 자연적으로 근육이 발달하는 시기 이전에 어른 같은 체형을 추구하다 보면 오히려 건강을 해칠 수 있어.

또래보다 이르게 혹은 늦게 발달할 수도 있기 때문에 신체 변화와 관련된 문제에 대처하는 일은 남자아이들과 여자아이들 모두에게 쉽지 않아. 빨리 크는 여자아이들은 자신이 우월하게 느껴질 수도 있겠지만 그 때문에 오히려 주변의 시선을 의식할 수도 있고, 성적인 위험 감수 행동을 하기가 쉬워.

남자아이들에게 빠른 성장은 인기를 얻고 리더십을 발휘하는 데 도움이 되기도 해. 불리한 면이라면 어른들은 학업 면에서도 앞서기를 바랄 텐데, 그러기는 쉽지 않다는 거야. 또래 여자아이들은 대부분 전두엽이 성숙했는데 같은 또래의 남자아이는 아직 전두엽이 충분히 성장하지 않았을 가능성이 높거든.

서투름과 성장 - 부모님들은 십대 시절 자녀가 유독 어설프게 행동한다고 말하고는 해. 물건을 떨어트리고 발을 헛딛고 어딘가 균형 잡히지 않은 모습을 보이거든. 어른들은 "그래, 그럴 수 있어. 한창 클 때는 팔과 다리가 뇌를 따라잡기 어렵거든"이라는 말로 아이들을 이해하려고 하지.

좀 더 과학적으로 접근해 볼까? 뇌의 여러 영역 중 청소년기에 유독 많이 발달하는 부분이 소뇌인데, 이 영역은 몸의 움직임을 조절하는 데 매우 중요해. 그러니까 그런 일이 발생하는 건, 새롭게 발달 중인 뇌가 갑작스러운 성장을 따라잡는 중에 신경 세포의 연결이 아직 재배치되지 못해서인 거야.

십대는 대개 1년가량 급성장기를 겪어. 이 시기 동안 남자아이들은 평균 10센티미터가량, 여자아이들은 평균 9센티미터가량 자라. 여자아이들은 남자아이들보다 평균 2년 정도 일찍 급성장기를 겪지. 이 시기 동안 몸무게도 증가하는데, 남자아이들은 주로 근육량이 늘고 여자아이들은 주로 체지방이 늘어. 남자아이들과 여자아이들 간의 이런 차이는 새로운 몸을 받아들이는 데 문제를 일으키기도 해. 변화하는 자신을 지나치게 의식하면서 더 어설프게 행동하기도 하는데, 타인의 시선을 의식하면 뇌의 처리 능력이나 '정보 대역폭'이 소모되면서 몸이 하는 일에 집중하기가 더 어려워지기 때문이야.

스트레스 역시 어설픈 행동의 원인이야. 십대는 다른 연령 집단보다 스트레스를 많이 받아. 어른들도 스트레스를 받을 때 유독 잘 잊어버리고 어설프게 행동하지. 그러니 이런 행동을 완전히 뇌 탓이라고만 하기는 어려워. 십대 때는 처리해야 할 문제나 걱정거리도 많고 뇌를 복잡하게 만드는 것투성이잖아. 그러니 어쩌다 실수로 노트에 커피를 쏟는다 해도 놀랄 일은 아니야.

중학교, 고등학교로 진학 – 평균적으로 여자아이들은 중학교에 진학할 무렵 본격적인 사춘기가 시작돼. 설상가상인 셈이지. 평균적으로 남자아이들은 사춘기가 조금 늦게 시작돼. 달라진 환경에 적응할 시간적 여유가 생기는 거지.

성별이 다른 부모와의 관계 – 사춘기 때는 남자아이가 엄마와 맺는 관계, 여자아이가 아빠와 맺는 관계에 변화가 생기기도 해. (반드시 그런 것은 아니야!) 성별이 다른 부모와 포옹을 하거나 가까이 있는 일이 꺼려지기도 하고 심지어는 불쾌하기까지 하다니까! 내가 아는 어떤 사람은 엄마가 껴안는 게 싫어서 밀친 적이 있대. 그전에는 너무나 고분고분한 아들이었는데 말이야. 엄마의 충격은 이루 말할 수 없었다고 해. 지금은 어떠냐고? 지금은 부모님께 정말 잘하는 어른이자 아들로 살고 있지. 이런 변화는 생물학적, 진화적인 관점에서 설명할 수 있는데, 모든 동물이 마찬가지야. 근친 교배(친족 간의 성행위를 뜻해)는 자손의 유전적 기형을 유발할 가능성이 있거든. 생물학적 관점에서 볼 때 성적으로 성숙하면 부모에게 육체적으로 끌리지 않는 편이 안전하겠지. 형제자매 간의 경쟁이나 말싸움 역시 같은 이점이 있어. 가족을 불쾌하거나 짜증스럽게 여기는 일이 딱히 나쁜 것만은 아니지?

"뇌를 위해 무엇을 하면 좋을까요?"

생각해 보면 좋을 지침을 몇 가지 준비했어.

- 너의 장점이나 약점이라고 생각하는 부분이 다른 남성이나 여성에도 평범하게 지니고 있는 부분일 수 있으니 안심해. 어떤 직업을 갖든, 어떤 일을 하든 고정 관념 때문에 망설이지 말자. 어려운 일을 연습하고, 결단을 내리고, 좋은 가르침을 받으면 뇌의 신경망이 서로 연결되고 튼튼해질 거야. 생물학적으로 성별 간 차이가 존재하더라도, 그것이 네가 직업을 갖고 성취하는 데 걸림돌로 작용할 수는 없어.

- 마인드맵, 색깔별 분류법, 여러 암기 기법 등 다양한 학습법을 실험해 봐. 너에게 맞지 않는다면 다른 방법을 시도해 보는 거야.

- 너에게 어려운 교과 영역이나 능력이 무엇인지 살펴보고 도움을 청해서 개선할 방법을 찾아봐. 선생님들이 너에게 효과적인 방법을 알려 주실 거야.

- 계속 안 좋은 일에 휘말린다고? 네가 화를 내고 공격적으로 행동하기 때문일 수 있어. 과제나 계획을 실행할 시간이 충분하지 않아서일 수도 있고. 정리를 제대로 하지 않거나 물건을 잃어버려서일지도 몰라.

이유를 파악하고 믿을 만한 어른에게 도움을 구하면 큰 힘을 얻고 스트레스도 줄어들 거야.

♡ 지금 너의 뇌는 특별히 '가소성'이 좋은 상태야. 다시 말해 쉽게 영향을 주거나 바꿀 수 있다는 뜻이지. 뇌는 어떤 작업을 많이 할수록 그 일에 더 능숙해져. 지금이 바로 영리해질 기회야.

♡ 우리는 다른 사람이 기대하는 사람이 되고, 그대로 행동하고, 말하려는 경향이 있어. 그게 훨씬 편안하고 안전하고 쉽기 때문이지. 하지만 그럴 필요 없어. 너에게는 인생을 스스로 헤쳐 나갈 능력이 있어. 필요한 기술을 직접 훈련하고, 너에게 맞는 선택을 하는 거야!

너에게 맞는 방법을 찾아 봐!

집중력을 테스트해 보자

평소에 집중을 잘 하는 편이야? 앞에서도 이야기했지만 좋아하는 일을 할 때는 누구나 집중하고 다른 사람의 이야기가 잘 들리지도 않지. 아래의 문항을 잘 읽고 자신을 가장 잘 나타낸다고 생각되는 것 하나를 골라 체크해 봐. 점수를 합산해 보고, 성별에 따라 어떤 결과가 나오는지 친구들과 얘기해 보는 것도 재미있을 거야.

● 0점 : 전혀 아니다.
● 1점 : 약간 그렇다.
● 2점 : 그런 편이다.
● 3점 : 아주 그렇다.

① 다른 사람에게 들은 이야기를 그대로 전달하기 어렵다. (점)

② 스마트폰이 없으면 불안하다. (점)

③ 숨은 그림 찾기 같은 게임에 약하다. (점)

④ 짜증이 잘 난다. (점)

⑤ 오래 앉아 있기가 힘들다. (점)

⑥ 자주 울고 싶다. (점)

⑦ 사람의 이름을 외우기가 어렵다. (점)

⑧ 공부나 일을 계획을 세워 진행하기가 힘들다. (점)

⑨ 드라마를 정주행하기가 어렵다. (점)

⑩ 너무 에너지가 넘쳐 가만히 앉아 있지 못한다. (점)

⑪ 공부 혹은 일을 하다 시끄러운 소리가 나면 그쪽으로 신경이
쓰여 하던 일이 중단된다. (점)

⑫ 규칙을 어기는 편이다. (점)

⑬ 배운 것을 잘 잊어버린다. (점)

⑭ 수업 시간에 딴생각을 한다. (점)

⑮ 잘 판단하여 일을 처리하지 못한다. (점)

⑯ 쇼츠나 릴스를 오래 본다. (점)

⑰ 10분 이상 한 가지 일에 매달려 집중하는 것이 힘들다. (점)

⑱ 가만히 앉아 있으면 손발이 근질거리고 좀이 쑤신다. (점)

⑲ 글씨가 엉망이다. (점)

⑳ 나쁜 일을 저지르고 싶은 충동이 생기곤 한다. (점)

㉑ 한 가지 일에 매달려 집중하는 것이 힘들다. (점)

㉒ 공부나 일을 하는 도중에 괜히 일어서서 돌아다닌다. (점)

㉓ 공부나 작업을 하는 데 남보다 뒤처진다. (점)

㉔ 누군가와 논의하는 일이 힘들다. (점)

㉕ 책을 읽을 때 방금 내가 어디를 읽고 있었는지 까먹는다. (점)

㉖ 책을 끝까지 읽기가 힘들다. (점)

㉗ 식사 중에 가만히 앉아 있기가 힘들다. (점)

㉘ SNS를 하루에 20회 이상 확인한다. (점)

㉙ 무언가를 끝까지 해내는 게 어렵다. (점)

㉚ 친구와 대화를 할 때 오해가 생기는 경우가 있다. (점)

결과

30점 이상인 경우 집중력을 향상시키기 위한 노력이 필요해. 부모님이나 선생님들께 도움을 요청해 봐.

나는
왜
우울할까?

- 우울, 중독, 자해에 대하여

노잼 시기가 길어지는 나, 괜찮을까?

나 요즘 좀 이상한 것 같아.
아무리 노력해도 텐션이 안 올라와.

몇 주째 이유 없이 눈물이 나고, 물먹은 솜처럼 몸이 무겁고 피곤해.

방 문을 열고 나가는 게 너무 힘들어.

마음의 감기? 그럼 나을 수 있다는 거네?

"왜 살아야 하는지
모르겠어요."

젬마를 소개할게. 열다섯 살인데, 재미있는 일이 하나도 없어. 친구들도 젬마를 걱정해. 젬마의 부모님도 걱정이 이만저만이 아니지. 모두들 젬마는 영리하고 멋진 아이라고 입을 모아 말하는데, 대체 무엇 때문에 그렇게 우울한 걸까? 젬마는 학교 운동부 선수에, 오케스트라 단원에, 동아리 활동도 열심이었어. 지금은 모두 중단한 상태야. 외모에도 전처럼 신경 쓰지 않아서 이제는 빗질조차 하지 않아. 마치 모든 것을 포기해 버린 것 같아. 친구들이 괜찮냐고 물어도 입도 뻥긋하지 않아. 이제 다들 어떻게 해야 할지 모르겠대.

젬마는 캄캄한 자기 방에 틀어박혔어. 난방을 하는 데도 젬마는 추워. 씻는 것도 귀찮아서 그대로 잠들 예정이야.

젬마는 컴퓨터 화면을 멍하니 쳐다보고 있어. 과제로 에세이를 써야 하거든. 몇 날 며칠 과제 생각을 했어. 친구들은 모두 에세이 과제를 끝냈대. 젬마는 오늘 학교에서 수업을 듣지 않았어. 학교에 가긴 했지만 아프다고 선생님께 말해 달라고 친구에게 부탁하고 학교에서 나왔지. 아팠던 건 사실이야. 그냥… 좀 막막하고 답답한 기분이 들었어. 수업을 안 들으면 에세이 과제 검사를 맡지 않아도 되고.

영어 선생님은 에세이 과제가 중요하다고 했어. 생활 기록부에 꼭 필요하다나. 수행 평가에 반영되는 것은 물론이고 자기 소개서, 소감문 같은 것을 쓰기 위한 연습이자 실전이니 제출하지 않으면 불이익이 클 거라고 했어. 그래서 어쩌라고? 그런 게 다 무슨 의미가 있는 거지? 젬마는 작가가 될 생각이 없어. 국어 교사가 될 마음도 없고. '윌프레드 오언과 시그프리드 서순의 시를 비교하고 유사점과 차이점을 논하시오.' 이 따위 과제를 왜 해야 하는 거지?

젬마는 아직도 화면만 빤히 바라보고 있어. 컴퓨터 자판을 칠 수도, 머리로 생각을 할 수도 없어. 무언가가 머리와 몸 사이를 가로막고 있는 느낌이야. 집 안 어딘가에서 들리는 소음은 마치 젬마가 속하지 않은 다른 세상의 소리 같아. 머릿속은 짙은 회색 구름이 휘감고 있는 것 같고, 두 눈은 그림자가 내리누르고 있는 것 같아. 모든 것이 침침하고 일그러져 보여.

눈물이 차올라서 시야가 뿌옇게 흐려져. 금방이라도 뺨을 타고 흘러내릴 것만 같아.

에세이 과제는 잊자. 젬마는 한 사이트에 로그인했어. 십대들이 이런저런 이야기를 털어놓는 곳이야. 넋두리를 늘어놓고 이런 저런 잡담을 하다 보면 웃음이 날 때도 있지. 서로 만난 적도, 얼굴도 본 적 없지만 모두 잘 알고 지내는 느낌이야. 잠깐 떠들다 보면 기분이 한결 나아질 것 같아.

젬마의 닉네임 '펄젬'이 화면에 떴어. 젬마는 현재 대화 중인 채팅방을 훑어봤어. 채팅방 제목 하나가 눈길을 사로잡았지. 젬마는 숨을 크게 들이마셨어. "우울하신 분 있나요? 같이 이야기 나눠요"라는 제목이었어.

제목을 클릭해 들어가니 세 사람이 대화 중이었어. 젬마는 그들이 지금까지 나눈 대화를 쭉 읽기 시작했어.

> **마녀07** 안녕하세요. 혹시 우울증 치료 받고 계신 분 있나요? 같이 이야기 나누고 싶어요. 몇 주 동안 새엄마한테 잔소리만 듣다가 오늘 의사 선생님을 만나서 상담을 받았는데요. 의사 선생님이 저보고 우울증이라면서 (제가 그것도 몰랐다고 뭐라고 하는 거예요) 약을 먹어야 한다더라고요. 그 말을 들으니까 기분이… 네, 좀 그렇더라고요. 더 우울해졌달까요. 이제 공식적으로 우울증 환자가 됐네요. 제가 궁금한 건 약을 먹으면 언제부터 효과가 있는지예요. 혹시 효과가 없으면 어떡하죠?

> **해바라기000** 안녕하세요, 마녀님. 기분이 안 좋으시다니 안타깝네요. 저도 작년에 우울증 진단을 받았어요. 제 담당 의사 선생님은 진짜 좋은 분이에요. 상담 치료도 받아야 한다고 하셨고, 상담 선생님을 구

할 때까지 복용하라고 약도 처방해 줬어요. 약 덕분인지 상담 덕분인지 모르겠지만 두세 달 정도 지나니까 기분이 나아졌고요. 어느 날 딱 알겠더라고요. 구름이 걷히고 해가 뜨면서 "거기, 너! 우울해?" 하고 햇살을 비춰 주는 느낌이었어요. 그게 끝은 아니고요. 그러다 다시 기분이 안 좋아지기도 하는데 밝은 날이 점점 더 늘어나고 있어요. 봄이 오면서 매일 조금씩 따뜻해지고 밝아지는 거랑 비슷해요. 제 말 이해되시죠? 상담 선생님도 친구들에게 어떻게 이야기하면 좋을지 방법을 찾도록 도와주셨어요. 조금만 버텨 보세요. 도움이 될 거예요.

성자 혹은 죄인 안녕하세요. 제 이야기를 해도 될까요? 제가 우울증을 겪는 건지는 잘 모르겠어요. 하루 종일 앉아서 울고 그러지는 않거든요. 그런데 만사가 지겹고 공허한 기분이 들고 비몽사몽하면서 아무것도 하고 싶지 않아요. 제가 사람들이랑 어울려 노는 걸 정말 좋아했거든요. 춤추는 것도 좋아했고요. 그런데 지금은 생각하는 일조차 힘들어요. 아무것도 하지 않고 책상 앞에 한 시간씩 앉아 있기도 해요. 그런데 걱정도 되지 않아요. 뇌 한쪽에서는 숙제든 뭐든 해야 한다고 속삭이는데, 뇌의 나머지는 '그래서?'라고 말해요. 오늘은 금요일이고 친구들은 놀러 나가지만 저는 그러고 싶지 않아요. 왜냐고요? 그럴 마음이 들지 않아서요. 머리만 그런 게 아니라 몸도 마찬가지예요. 꼼짝도 하고 싶지 않아요. 몇 주 전에 친구 아버지가 돌아가셔서 다들 그 친구를 위해 울고 위로하는데 저는 무슨 말을 해야 할지 생각이 나지 않아서 이틀 동안 학교에 가지 않았어요. 울지도 않았고 위로의 말도 하지 않았죠. 그곳에 없는 것 같은 기분이었어요. 치과에서 맞는 마취 주사를 뇌에 맞은 것 같았어요. 친구에게 도움이 되지 못하니 미안하고 속상해야 한다는 생각이 드는데, 뭘 어떻게 해야 할지 모르겠더라고요. 저, 어쩌면 좋죠?

해바라기000 그런 우울증 증상을 들어 본 적 있어요. 저는 자주 눈물이 나는 쪽이었어요. 가족이랑 저녁을 먹는데 가족들 목소리가 머리 주변에서 요란하게 부딪히는 것 같았어요. 너무 끔찍한 느낌이 들어서 눈물이 났어요. 침대에 앉아서 봉제 인형들을 꼭 끌어안았어요. 절대 헤어지지 않겠다는 심정으로 모두 품에 안고 그 자리에서 펑펑 울었어요. 눈물이 줄줄 흐르는데 어딘지 알 수 없는 깊은 곳에서 계속 솟아나는 것 같더라고요. 그러다 꺽꺽거리기까지 했어요. 누가 죽기라도 한 것처럼요. 아니, 세상 사람들이 다 사라지고 저 혼자 남은 것처럼 통곡을 했다니까요. 왜 그랬는지는 모르겠어요. 누가 "대체 뭐가 문제야?"라고 물어도 대답 못 했을 거예요. 아무 생각도 나지 않았거든요. 문제는 제 마음이었어요. 마음 깊은 곳에서 제 몸 곳곳으로 슬픔이 퍼져 나가는 느낌이었어요. 머리만 빼고요. 마치 머리만 딴 세상에 있는 기분이었어요. 슬픔이 혈관을 타고 피부와 폐로 전해졌어요. 어떨 때는 우울한 기분에 짓눌려서 숨쉬기가 힘들었어요.

젬마는 더 이상 대화를 읽지 못했어. 눈물이 뺨을 타고 줄줄 흘렸지. 채팅방에 뭐라고 말도 못 한 채 로그아웃했어. 그러고는 다시 침대에 우두커니 앉아 있었어. 해바라기처럼 말이야. 그래, 해바라기. 해바라기는 행복하고 밝고 따뜻하고 환해. 키가 크고 강인하지. 그런데 해바라기가 감추고 있는 슬픔을 잘 봐. 젬마는 자기가 아끼는 폭신한 토끼 인형을 꼭 끌어안고 아기 냄새가 나는 몸통에 얼굴을 묻었어. 계속 눈물이 났어. 그렇게 한참 눈물을 흘렸어.

시간이 지나고, 젬마는 몸을 일으켰어. 토끼 인형을 내려놓고 아래층으로 내려갔지. 심호흡을 하고 나서 거실에 들어갔어. 엄마는 TV를 보고 있었지.

"엄마."

젬마가 작은 목소리로 말했어. 엄마가 고개를 들었어. 엄마는 재빨리 일어나 젬마에게 다가갔어. 젬마는 어깨를 축 늘어트린 채로 옴짝달싹하지 않고 있다가 말을 꺼냈어.

"엄마, 저 좀 도와주세요."

젬마의 뇌에서는
무슨 일이 벌어지고 있을까?

젬마는 우울증을 겪고 있어. 이제 필요한 도움을 받아 회복할 거야. 많은 십대가 다양한 정신 질환 증상을 경험하지만 도움을 구하지 않아서 적절한 때에 도움을 받지 못해. 도움을 받아야 한다는 생각조차 못 하는 친구들도 많은 것 같아. 하지만 누구나 어렵지 않게 도움을 받을 수 있고 또 도움을 받아야 마땅해.

우울증의 징후가 나타났다면 도움을 받기 위해 처음 가야 할 곳은 너와 네 가족을 오랫동안 봐 온 의사 선생님이나 지역 보건소야. 보건소에서는 몇 가지 질문과 함께 도움이 될 만한 일반적인 조언을 해 줄 거야. 상담 치료를 권유할 수도 있는데, 상담 전에 복용할 약을 처방해 주기도 해. 잘 듣는 약을 찾기까지 시간이 좀 걸리기도 해. 약이나 상담 치료 둘 다 도움이 돼. 상담 치료는 즉각적인 효과가 없을 수도 있지만 꾸준히 하다 보면 분명히 도움이 될 거야.

그럼 우울증과 누구나 가끔 느끼는 보통의 우울감은 어떻게 구분할까? 누구나 하루 이틀쯤은 젬마 같은 기분에 사로잡힐 수 있어. 어떤 이유가 있을 때도 있고 특별한 이유가 없을 때도 있겠지. 보통은 그러다 다시 기분이 나아져. 가까운 사람이 세상을 떠나는 등의 특별한 이유도 없는데 몇 주가 지나도 우울감이 사라지지 않는다면 우울증일 수 있어. 여기서 주의할 점이 있어. 정신 질환의 종류는 매우 다양하고 우울증의 형태도 여러 가지라는 거야.

우울증의 증상은 다음과 같아.

♡ 거의 온종일 슬프거나 화가 나. 아침에 더 심해.

♡ 스스로를 가치 없거나, 못생겼거나, 무능하거나, 아무짝에도 쓸모없다고 느껴. 나만 사라지면 모두가 더 행복해질 것 같아.

♡ 배가 고프지 않아. 아니면 너무 많이 먹어. 그래서 체중이 줄거나 늘어. (청소년기는 계속 자라는 시기니까 체중이 느는 것이 정상이지만 그것과는 양상이 달라.)

♡ 전에는 즐거웠던 일이 더는 즐겁지 않아.

♡ 수면 문제를 겪어. 잠드는 일이 어렵거나, 아주 일찍 일어나거나, 뜬눈으로 누워 있는 일이 많아.

♡ 온종일 피곤한 기분이야. 굉장히 피곤해.

♡ 집중이 잘 안 되고 자주 깜빡깜빡해.

♡ 죽으면 어떨까, 그러면 나의 문제가 해결될까라고 생각하고, 인생을 끝낼 여러 가지 방법을 고민해.

이런 증상 중 네가 겪는 것이 있다면 도움을 받아야 해. 부모님, 보호자, 할아버지나 할머니, 친구, 선생님, 의사와 얘기해 보도록 하자. 믿을 수 있는 사람이라면 누구라도 좋아. 너를 잘 모르는 사람과 이야기하고 싶다면 시도별 청소년상담복지센터나 1388청소년사이버상담센터, wee클래스에 상담을 요청해 봐.

우울증은 십대와 성인에게 아주 흔해. 주로 십대 시절 발병하는 경우가 많지. 어린이(7세에서 12세) 중 약 5퍼센트가 우울증을 겪는데, 십대(13세에서 18세)에는 15~20퍼센트로 증가하고 이 비율은 성인까지 이어져. 남자아이보다는 여자아이가 우울증을 겪는 일이 많은데, 안타깝게도 남자아이들은 감정을 숨겨야 한다고 생각하기 때문이야. 감정은 건강에 중요한 단서야. 슬프거나 우울한 상태는 약점이 아니라는 사실을 꼭 기억해.

한국의 우울감 경험률은 남학생 21.4퍼센트, 여학생 30.9퍼센트 정도로 높은 편이야. 스트레스 인지율은 남학생 30.8퍼센트, 여학생 44.2퍼센트로 나타났어. (2023년 기준)
남성보다 여성이 우울증 진단을 더 많이 받는 것으로 알려져 있어. 그건 여성이 주변에 도움을 구하는 일이 더 많기 때문일 거야. 우울감이 가장 많이 알려진 증상이기는 하지만, 남성들이 흔히 겪는 증상은 분노이기 때문에 남성의 우울증은 지나치기가 쉬워.

다시 십대의 뇌를 살펴보기 전에 청소년기에 겪기 쉬운 심각한 문제들을 짚고 넘어갈게.

자살 - 우울증으로 생기는 최악의 결과는 자살이야. 우울증을 겪는다고 모두 자살 시도를 하지는 않아. 영국에서 자살은 15세에서 24세 청소년과 청년들이 사망하는 두 번째 원인이야. 한국의 경우 10~20대 청소년과 청년들이 사망하는 첫 번째 원인이고. 자살은 소년과 남성에게서 더 흔한데, 자살 시도를 하는 비율 자체는 소녀와 여성이 더 높아.

혹시 스스로 삶을 마치고 싶다는 생각을 한 적이 있다면 누군가에게 털어놔야 해. 자살은 답이 되지 못해. 네가 다른 길을 찾아서 앞으로의 삶을 즐겁게 살아가도록 도와줄 사람들이 있어. 앞에서 이야기했던 시도별 청소년상담복지센터나 1388청소년사이버상담센터, wee클래스에서 도움을 받아도 좋아. 자살에 관한 생각 때문에 힘든 사람들에게 도움을 줄 전문가들을 만날 수 있을 거야.

자해 - 의도를 가지고 스스로를 해치는 일을 자해라고 해. 단순히 우울증의 증상으로 여기거나 그저 청소년과 청년 시기에 하는 행동이라고만 생각해서는 안 돼. 오은영 박사는 매체를 통해 자해의 심각성에 대해 이야기한 적이 있어. "우리 뇌에는 '도파민 리워드 패스웨이'라고 상처를 내면 도파민과 엔도르핀 같은 것들이 분비돼 순간 긴장이 이완되면서 아픔을 잊기도 한다. 또 자해하는 모습을 SNS를 통해 전파하는 건 관심을 받기 위해서 하는 자해의 여러 원인 중 하나로 자해 관련된 사진과 경험, 느낌 등을 올려 사람들로부터 아주 짧은 위로를 받는다." 오 박사는 사람들이 자해를 하는 가장 큰 이유는 본인이 처한 상황, 힘든 마음, 우울 등 불안한 감정을 회피하고 스트레스로 쌓였던 긴장을 이완하기 위함이라고 이야기했어. 자해를 하는 아이들의 3분의 1이 나중에 자살 시도를 하기에 자해는 결코 가벼운 문제가 아니야. 자해를 하는 사람은 우울증으로 무감각한 기분이 드는데 자해를 하면 감각을 느낀다고 말하기도 해. 다른 사람에게 자신이 불행하다는 걸 알리는 방법이라고 말하는 사람도 있어. 자해가 분노나 스트레스를 가라앉혀 준다는 사람도 있어. 이유가 무엇이든 불행한 상태라는 사실은 분명하고, 우울증 증상과 마찬가지로 도움을 받아야 해. 자해를 숨기지 말자. 대신 도움을 요청해.

섭식 장애 - 신경성 식욕 부진증과 폭식증이 가장 잘 알려져 있지만 섭식 장애의 종류는 아주 많아. 원인 역시 다양하고 그에 따른 치료법도 많은 복잡한 질환이지. 간단히 말하면 신경성 식욕 부진증은 건강을 유지할 만큼 충분히 먹지 않고, 때로는 과도하게 운동을 하는 증상이야. 폭식증은 정상적인 양을 먹거나 매우 많이 먹은 뒤에 일부러 토하거나 설사약이나 이뇨제 등을 사용해서 속을 비워 내는 행동을 반복하는 증상이고. 섭식 장애는 매우 위험하기 때문에 반드시 전문의의 치료를 받아야 해.

자신이 뚱뚱하다는 생각이 섭식 장애로 발전하는 경우가 많은데, 원인이 그것만은 아니야. 때로는 살면서 겪는 문제들을 통제할 수 없을 때 운동을 통해 몸을 통제하려고 애쓰면서 섭식 장애를 겪기도 해. 섭식 장애를 겪는 사람들은 자존감이 낮은 경우가 많고 이 점도 원인으로 작용해. 네가 아는 누군가가 신경성 식욕 부진증이나 폭식증 혹은 두 가지 증상을 모두 보인다면 꼭 진료를 받게 하자.

섭식 장애가 있다고 반드시 체중 감량에 집착하지는 않아. 청소년과 청년들 중에는 근육을 키우고 싶어서 지나치게 오래, 아니면 강도 높은 운동에 매달리는 사람도 있는데 이 역시 건강을 해칠 수 있어.

섭식 장애를 겪는 사람들은 특정한 음식이 건강한지 아닌지에 집착하기도 해. 건강한 식습관을 갖자. 영양이 풍부한 음식을 골고루 먹되, 죄책감이나 행동의 제약 없이 매 끼니를 즐겁게 먹는 거야.

조현병 - 조현병(정신분열병)은 10대 후반에서 20대에 시작하여 만성적 경과를 보이는 정신적으로 혼란된 상태, 현실과 현실이 아닌 것을 구별하는 능력의 약화를 유발하는 뇌 질환이라고 정의해. 조현병은 청소년기에 발병하는 경우가 많아. 전 세계 인구의 1퍼센트가 일생 중 어느 시점에 조현병을 겪는다고 해. 많은 경우 증상이 한 번 나타났다 사라지지.

조현병이 있는 사람은 실생활에서 다른 사람들과 다른 경험을 하는데, 이 때문에 남들이 이해하지 못하는 방식으로 행동해. 다른 사람들이 보거나 듣지 못하는 것을 경험할 수도 있고, 때로는 이상 감각에 따라 행동하기 때문에 사람들이 납득하기 어려운 일을 하기도 해.

조현병을 겪는 이유를 정확히 알지는 못하지만 조현병은 치료할 수 있다는 사실을 꼭 알아야 해. 단 한 번 증상을 경험하거나 치료 후에 상태가 안정되어 병이 사라지기도 하고, 계속 약을 먹으면서 증상을 관리해야 하는 사람도 있어.

조현병의 증상은 다음과 같아.

♡ 과한 생각을 해. 자신에게 초능력이 있다고 생각한다든가 누군가가 잡으러 온다면서 피해망상에 시달리는 식이야.

♡ 다른 사람은 느끼지 못하는 것을 보거나 듣거나 냄새 맡아. 예를 들어 자기에게 무엇을 하라고 지시하는 소리를 듣는 식이야.

♡ 다른 사람이 매우 기이하게 여기거나 받아들이기 힘든 행동을 해

♡ 이상한 방식으로 한 생각에서 다른 생각으로 사고가 빠르게 전환해.

하지만 이와 비슷하더라도 조현병 증상이 아닐지 모르니 반드시 적절한 진단을 받는 일이 중요해.

여러 연구에 따르면 조현병을 겪는 사람들은 전전두피질이 제대로 작동하지 않는다고 해. 일반적인 십대는 뇌의 가지치기 단계에서 전전두피질의 회백질(신경 세포가 밀집되어 있지)이 상당량 삭

제되는데, 조현병 환자의 경우 훨씬 많은 양을 잃기도 해. 조현병을 겪는 사람들은 전전두피질에 손상을 입은 사람들과 비슷한 증상을 경험해. 십대의 전전두피질은 많은 변화를 겪기 때문에 이 시기의 뇌가 특히 이런 문제를 겪을 가능성이 높아.

중독 - 4장에서 이야기했듯이 청소년기에 음주, 흡연, 약물을 하면 중독될 위험성이 아주 커. 15세 이전에 과음을 한다면 21세가 되어 술을 마셨을 때보다 중독될 가능성이 네 배가량 높지. 청소년의 뇌는 성인의 뇌와 비교해 자극과 보상을 더 많이 추구하는 반면, 위험에 대한 인지는 더 낮고, 반응 억제와 관련해서는 어려움이 더 많기 때문에 각종 중독에 더 취약할 수 있고 일단 중독된 후에는 성인보다 빠져나오기가 훨씬 힘들다는 연구 결과도 있어. 음주든 약물이든 십대 시절에는 그 이후에 하는 것보다 훨씬 위험해.

네가 여자고 사춘기가 다른 아이들보다 일찍 시작되었다면 중독 위험이 훨씬 크고 이른 나이에 성관계를 가질 가능성도 높아.

쥐를 이용해 실험을 했는데, 코카인이 성인이나 아기의 뇌보다 청소년의 뇌에 더 큰 손상을 입혔대. 연구자들은 다른 약물 역시 십대의 뇌에 비슷한 영향을 미칠 거라고 예측해.

하지만 일찍 사춘기가 시작된다고 해서 모두가 이런 덫에 빠지는 건 아니야.

불안 장애 - 우울증을 비롯해 앞에서 언급한 다른 문제들은 인간이 겪는 정신 건강상의 문제 중 일부에 불과해. 정신 장애 중에는 다양한 불안 장애도 있어. 이 짧은 책에서 전부 다루기는 힘들어. 그래도 짧게나마 언급하고 지나가는 이유는 네가 안심하기를 바라고 너를 돕기 위해서야.

불안은 위험이나 고난에 대비하기 위한, 매우 자연스러운 감정이야. 그런데 불안 때문에 인생을 즐기지 못한다면 문제라고 할 수 있어. 따라서 불안 수준을 적절히 유지하는 법을 배워야 해. 필요할 때, 적당히 불안한 정도면 충분하겠지?

다른 사람보다 유독 불안을 가라앉히기가 힘든 사람도 있지만, 내가 이 책에 써 둔 적절한 조언에 따라 걱정과 혼란에 잘 대처하면 건강하고 행복하게 살아갈 수 있어. 물론 의사에게 전문적인 도움을 받아야 할 수도 있고.

공황 발작 같은 여러 가지 불안 증세는 일회성으로 나타났다 사라지거나 단기간 지속돼. 적절한 도움과 치료를 받으면 다른 증상으로 악화하는 일을 막을 수 있어. 걱정되는 증상이 있다면 제대로 진료를 받아야 해. 지역 보건소나 정신건강의학과를 방문해 봐. 빨리 도움을 받을수록 좋아.

정신 건강 문제로 고민 중이라고 걱정하거나 부끄러워할 필요 없어. 다리가 부러지거나 감기에 걸렸다고 수치스러울 이유가 없는 것과 같아.

네가 겪는 증상이나 질환에 대해 잘 아는 일은 아주 중요해. 신뢰할 만한 유튜브 채널이나 블로그를 참고해서 좋은 지식을 쌓는 것도 방법이야. 단, 카더라통신이나 상업적인 목적으로 접근하는 채널이나 사이트는 거르는 게 좋아.

십대의 뇌는
왜 이런 문제에 취약한 걸까?

이론 1 전전두피질이 변화하는 시기다

지금쯤이면 전전두피질의 성장과 가지치기에 관해 어느 정도 이해했을 거야. 그런 특징이 십대들에게 부정적인 방식으로 영향을 끼칠 수 있다는 점도 이해했을 거고.

우울증 - 청소년기 동안 뇌에서는 여러 가지 발달상의 변화가 일어나는데, 우울증 같은 문제를 겪기도 해. 전전두피질은 감정을 처리하고 이해하는 역할, 부정적인 감정을 다루기 위해 건강한 행동을 하도록 하는 역할을 담당해. 전전두피질이 완전히 발달하지 않은 상태에서는 주변에서 일어나는 일에 모두 적절하게 대처하기는 어려울 거야. 어떤 사람들에게는 이런 상황이 우울증의 원인으로 작용하기도 해.

자살 - 자살은 최악의 결심이야. 순간적으로 인생이 살 만한 가치가 없어 보인다고 삶을 끝내서는 안 돼. 모퉁이를 돌면 훨씬 좋은 답이 있을 거야. '한쪽 문이 닫히면 다른 문이 열린다'는 속담도 있잖아. 이 말을 한번 믿어 보는 거야. 전전두피질이 너를 실망시킨다고 해서 거기에 휘둘려서는 안 돼!

불안 장애 - 우울증과 마찬가지로 불안 장애는 여러 가지 원인과 사건들이 복잡하게 얽혀서 발생하고 십대에게 흔해. 아직 발달이 덜 끝난 전전두피질이 난관을 겪는 탓에 한발 물러나서 위험이나 두려움을 이성적으로 판단하는 일이 더 어려워지는 거지. 그 탓에 불안에 휩싸여 어쩔 줄 모르는 상태가 되기도 해. 어른도 불안을 겪어. 다만 두려움에 짓눌리지 않도록 불안을 처리할 능력을 기를 기회가 훨씬 많았을 뿐이야.

중독 - 십대의 뇌는 술과 담배, 모든 약물에 성인의 뇌와 다르게 반응해. 정확한 이유는 밝혀지지 않았지만, 전전두피질의 복잡한 활동과 뇌의 다른 영역에서 진행되는 중요한 재건 작업이 한몫을 톡톡히 하고 있는 것 같아. 중독은 전전두피질이 담당하는 '선택'과도 연관이 있어.

이론 2 호르몬의 영향이다

호르몬은 특히 청소년기에 온몸에 대량으로 분출되면서 기분에 영향을 줘. 이 시기에 우울증에 걸렸다면 아마 이 호르몬의 강력한 힘에 영향을 받았기 때문일 수도 있어. 우울증은 월경 주기 때문에 일시적으로 감정에 기복이 있는 그런 상태와는 달라. 지속 기간도 그보다 훨씬 길지. 호르몬이 일정 부분 원인으로 작용하지만 전부를 설명하지는 못해.

테스토스테론 수치가 낮은 남자아이도 우울증에 걸리기 쉬워. 에스트로겐 수치가 낮은 여자아이도 마찬가지야. 하지만 연구자들은 가족들과 좋은 관계를 유지하는 십대들은 예외라는 사실을 발견했어. 그렇다면 네 주변 환경과 네가 겪는 사건들이 뇌가 분출하는 화학 물질보다 훨씬 중요할지도 몰라.

이론 3 도파민의 영향이다

신경 전달 물질, 즉 뇌 속 화학 물질인 도파민은 우리가 즐거움과 강렬한 쾌감을 추구하도록 만들어. 위험한 행동을 하고 '짜릿한 기분'을 느끼는 이유도 도파민 때문이라고 했던 것, 기억나지? 청소년기에는 도파민이 증가하는데, 도파민은 쾌락을 담당한다면서 왜 우울증에도 책임이 있는 걸까?

이에 대한 답은 도파민이 세상을 꽃밭처럼 보이게 하지만은 않는다는 거야. 정반대의 역할도 하거든. 도파민에 반응하는 뇌 영역에 너무 많은 도파민이 쏟아져 들어오면 민감도가 떨어져서 둔해지고, 그러면 이전에는 즐거웠던 일이 시들해지면서 흥미가 떨어져. 약간 멍해지는 기분이라고 해야 하나? 뇌에서 작용하는 모든 화학 물질이 균형을 이뤄야 하는데, 십대 시기에는 이 균형점을 찾기가 매우 어려워.

중독 - 연구자들은 뇌의 도파민 시스템이 성인의 중독에 영향을 미친다는 사실을 밝혀냈어. 십대의 뇌에서 변화를 겪는 곳도 바로 이 도파민 시스템이지. 중독성 있는 약물과 술은 도파민 양이 큰 폭으로 증가하는 원인이야. 뇌에 작용해 정신에 변화를 일으키는 약물은 무조건 멀리해야 돼.

이론 4 문화적 요인이다

아직 우울증을 겪는 사람들의 뇌에서 어떤 일이 벌어지는지는 과학적으로 명확히 입증되지 않았어. 반면, 우리 주변에서 일어나는 일들이 기분에 큰 영향을 미친다는 점은 의심할 여지가 없지. 요즘 십대의 삶은 그전보다 훨씬 스트레스를 많이 받아. 결정할 것도 많고, 말싸움을 벌일 일도 많고, 기대에 대한 부담도 크지. SNS는 이점도 많지만 그만큼 문제도 많아.

부모님, 선생님, 보호자 역시 열심히 일하느라 큰 스트레스를 받지. 그런 어른들이 받는 스트레스는 집안 분위기를 팽팽하게 긴장시킬 테고 성인의 삶을 미리 보는 너 역시 두려움을 느낄 거야. 그 때문에 위축되고 무력감을 느끼기 쉬워.

이혼이나 가족이 헤어지는 일, 전학, 몸의 변화, 친구나 가족의 사망, 괴롭힘, 질병, 시험도 스트레스일 거야. 그런 일이 닥치면 누구라도 스트레스를 받겠지만 십대 때는 유독 심각하게 느껴지기도 해. 성인들은 고비를 헤쳐 나갈 방법을 찾거나 고난을 뚫고 나아가야 한다고 마음을 다잡을 수 있고, 어린이는 부모나 보호자의 돌봄을 받지만, 십대는 스스로 독립해야 하는 상황이라고 느끼기 때문에 생각만으로도 공포스러울 수 있지.

그래서 십대로 지내는 일은 스트레스 그 자체야. 뇌에서 벌어지는 일들을 고려하지 않더라도 그래. 이런 스트레스가 너무 심하면 불안 장애나 우울증 같은 정신 질환이 촉발되거나 악화할 수 있어.

중독 - 스트레스가 중독으로 이어지기도 할까? 스트레스를 받으면 해결책을 찾다가 술이나 약물에 의지하고 중독에 이르기도 해.

조현병 - 조현병은 엄청난 스트레스를 받는 기간이나 사건 이후에 시작된다고 해. (청소년들은 아주 오랫동안 스트레스를 받는데 대부분은 조현병을 겪지 않으므로 확실하다고 보기는 힘들어.) 하지만 청소년기 때의 과도한 스트레스는 조현병이 이 시기에 시작되는 이유 중 하나일 수 있어.

이론 5 진화의 결과다. 고로 우울증도 유익한 점이 있다

뭐라고? 우울증이 유익하다고? 이게 대체 무슨 소리일까?

먼저, 계절성 우울증이라는 말을 들어 본 적 있을 거야. (십대에게만 한정된 증상은 아니야.) 겨울에 많이 발생하기 때문에 '겨울 우울증'이라고도 해. 겨울은 음식을 구하기 힘든 계절이지. 그런데 지나치게 활동적이면 에너지도 그만큼 많이 사용하니 음식도 많이 필요할 거야. 어둠은 위험하기 때문에 초기 인류에게는 잠을 자는 일이 최선이었을지도 모르고. 그러니 우리 조상들은 천천히 움직이고 되도록 잠을 자면서 신체 에너지를 덜 소모해야 겨울을 잘 날 수 있었겠지? 많은 동물들이 겨울잠을 자. 어쩌면 거북이는 아주 극단적인 겨울 우울증을 앓고 있는지도 몰라!

두 번째로, 3장에서 청소년기에는 수면 패턴이 바뀌는데 십대는 더 많이 자야 한다고 했던 거 기억나? 마치 우리 몸이 활동을 줄이고 에너지를 아껴 더 많이 자려는 것 같은 증상을 보이는 우울증도 있어. 청소년이 잠을 더 자야 한다면, 우울증을 겪을 때의 증상처럼 동면과 비슷한 상태에 들어서면서 신체 기능을 떨어트리는 방법이 초기 인류(와 지금)의 청소년에게 유리하겠지.

세 번째로, 진화와 관련된 또 다른 가능성이 있어. 인간과 다른 동물에게 중요한 본능 중 한 가지는 '투쟁 또는 도피' 반응이야. 위험이나 두려운 상황을 맞닥뜨렸을 때 갑자기 엄청난 스트레스가 밀려드는 현상이지.

증상은 너도 알 거야. 큰 충격을 받으면, 또는 사자가 나무 뒤에서 뛰어나와 너를 덮치면 (그런 일은 일어나지 않겠지만 일단 상상해 봐) 본능적으로 일어나는 반응이 있어. 심장이 매우 빨리 뛰고, 땀이 나고, 온몸의 감각이 곤두서. 힘이 평소보다 세지기도 해. 네가 두려워하는 무언가에 쫓겨 본 적 있어? 나는 거위에게 쫓긴 적이 있는데 (웃지 마. 거위가 얼마나 무서운데!) 150센티미터 높이의 벽을 훌쩍 뛰어넘었다니까. 나의 '투쟁 또는 도피' 반응이 엄청나게 잘 작동했고 그 순간 화학 물질들이 분출해서 내 몸이 엄청난 힘을 낸 거지. (거위들은 운이 좋았어. 내가 투쟁이 아니라 도피를 선택했으니까.)

그런데 이게 우울증과 무슨 관계가 있냐고? 우울증은 계속되는 극심한 스트레스에 대한 반응으로 발생하는 것일 수도 있어. 지속적인 스트레스는 좋지 않은데, 코르티솔과 아드레날린이 우리에게 부담을 주고 에너지를 고갈시키거든. 이런 상태에서 우울증과 신체 기능 저하는 우리 몸이 스스로를 보호하는 방법일 수도 있어. 세상과 거리를 두면서 "그래, 버틸 만큼 버텼어. 겨울이 끝날 때까지 잠만 잘 거야"라고 하는 거지.

아마 이런 생각을 할지도 모르겠다. '그런데 사자가 나를 향해 달려오는데 내 몸이 선택을 포기하고 잠이나 자기로 한다면 그건 우울증이 나에게 이롭다는 이론의 적절한 예가 아니잖아요?' 그래, 나도 그렇게 생각해. 하지만 기억해 둬야 할 몇 가지 사실이 있어.

- ♡ 진화로 무언가가 변하는 데는 아주 오랜 시간이 걸리는데, 사회는 그보다 훨씬 빨리 변해.
- ♡ 초기 인류는 맞서 싸우거나 도망치면서 스트레스를 해소했을 텐데, 오늘날 우리는 대개 두 가지 중 어느 것도 하지 않지. 어쩌면 우리가 몸이 설계된 바에 따라 할 수 있는, 혹은 해야만 하는 일(바로 투쟁 또는 도피)을 하지 않고 사소한 스트레스가 계속 쌓이고 쌓이는 것이 문제일지도 몰라. 진화가 아직 현대의 생활을 따라잡지 못한 셈이지.

아무튼 우리가 사자를 만날 일은 없으니까 다행이야. 실은 그런 진짜 자극이 필요한 것일 수도 있지만….

"여러 가지 문제로 곤란한
나의 뇌를 어떻게 하면 좋을까요?"

♡ 이번 장에서 다룬 것들 중 너의 일이라고 생각되는 문제가 있다면 꼭 도움을 구하도록 해.

♡ 자신에게 친절해지자. 편안한 자세로 좋아하는 책을 읽는다거나, 친구랑 만나서 좋아하는 음식을 먹고 음료를 마신다거나, 욕조에 몸을 푹 담그고 긴장을 푼다거나, 햇살을 받으며 그냥 앉아 있는 등 너만의 루틴을 만들어 봐. 그리고 자신에게 힘을 주는 말을 스스로에게 해 줘.

♡ 우울증은 네 시선을 왜곡한다는 사실을 알아 두자. 스스로를 보면서 못생겼다거나, 멍청하다거나, 인기 없다거나, 너무 뚱뚱하다거나, 너무 말랐다거나, 절대 성공 못 할 거라고 생각할지도 몰라. 그건 사실이 아니라 너의 뇌가 잘못 작동된 것뿐이야.

♡ 기분을 나아지게 하려고 술을 마시거나 약물을 하거나 담배를 피워서는 안 돼. 그런다고 기분이 좋아지지 않거든. 아주 조금 기분이 나아질지도 모르지만 그 순간이 지나면 기분은 더 가라앉을 거야. 그것들에 의존하거나 중독될 위험도 있어.

♡ 비타민을 섭취하자. 비타민 B는 특히 기분에 중요해. 니아신이라고도 불리는 비타민 B3는 몸에서 조용한 행복의 감정을 만들어 내는 뇌 화학 물질인 **세로토닌**을 생성하도록 도와. (짜릿한 쾌감의 느낌을 주는 도파민과는 달라.) 영양제로 섭취할 수도 있지만 음식으로 섭취하는 편이 훨씬 좋아. 비타민 B가 풍부한 쌀, 견과류, 우유, 달걀, 육류, 생선, 과일, 푸른잎채소 등을 골고루 먹으면 좋아. 비타민 B6는 월경 주기에 따라 감정 변화를 겪는 어자들에게 좋아. 비타민 B6는 콩류, 구운 감자, 바나나, 생선, 토마토 등에 들어 있어.

♡ 운동도 우울증과 감정 기복에 큰 도움이 돼. 딱히 하고 싶은 마음이 생기지 않더라도 몸을 움직여 봐. 친구에게 이야기해서 함께 운동을 하는 것도 좋아. 5분만 하겠다고 결심하고 운동화부터 신어 봐. 일단 억지로라도 하고 나면 무척 뿌듯하고 만족스러울 거야. 자신에게 맞는 운동을 찾는 건 쉬운 일은 아니야. 하지만 이것저것 여러 시도들을 하다 보면 힘들어도 꾸준히 할 수 있는 운동을 찾을 수 있어.

♡ 모든 것에는 단계가 있다는 점을 잊지 말자. 이런 기분이 영원히 계속될지도 모른다고 생각하겠지만 그럴 일은 절대 없어. 모든 것은 변하기 마련이야. 구름이 걷히고 햇살이 비치듯, 지금 느끼는 감정이 영원히 계속되는 것은 아니야.

따뜻한 코코아 우유 한 잔도 마음을 편안하게 해 줘. 실제로 과학적인 근거가 있는 방법이야. 따뜻한 우유에는 트립토판이라는 영양소가 들어 있어서 잠드는 데 도움이 될 뿐만 아니라 마음을 편안하게 해 주는 화학 물질이 분비되도록 도와준다고 해. 닭가슴살, 계란, 두부, 호박씨에도 많이 들어 있어. 트립토판은 기분을 개선하고 주의력 결핍 증상도 완화해 준대.

이번 장은 꽤 어두웠지? 그럼에도 불구하고, 너의 놀라운 뇌는 네가 이 시기를 잘 헤쳐 나가도록 이끌어 줄 거야. 일단 너의 뇌를 믿는 것이 중요해. 그리고 믿을 만한 사람들에게 고민을 털어 놓으면 해결의 실마리가 보이기 시작할 거야.

혼자 힘들어하지 마~

기분이 우울하다고?

다음 문장을 읽고 자주 겪는 일인지 생각해 봐. 1~2주 이상 아래와 비슷한 경험을 여러 번 했다면 신뢰할 만한 어른에게 이야기하고 의사에게 진료를 받아야 해.

- 귀찮아서 아무것도 하기가 싫다.
- 공부나 책을 읽을 때 집중하기 어렵다.
- 자신의 선택에 대해 후회할 때가 많다.
- 자주 슬프거나 우울한데, 특별한 이유가 없을 때가 많다.
- 좋은 일이 있어도 기분이 나아지지 않는다.
- 너무 피곤하다. 에너지가 바닥난 기분이다.
- 전에는 즐겁던 일이 이제는 조금도 즐겁지 않다.
- 스스로를 실패자라고 생각한다.
- 스스로를 끔찍한 인간이며 벌을 받아 마땅하다고 생각한다.
- 잠을 푹 잘 수 없다. 잠드는 데 문제를 겪기도 하고, 자주 깨고, 다시 잠들기 힘들다.

- 아무 이유 없이 체중이 줄거나 늘었다.

- 낮에 많이 졸리고 잠들지 말아야 할 때 잠들고는 한다.

- 스스로 목숨을 끊을 방법을 생각할 때가 있다.

- 죽음에 관해 자주 생각한다. 가끔은 내가 죽으면 사람들이 더 행복할 거라고 생각한다. (그렇다면 지체하지 말고 도움을 구해야 돼. 청소년상담 1388은 365일 24시간 운영되니 언제든지 연락해.)

7장

나는
더 나아질 수
있을까?

– 뇌의 힘을 믿어 봐

반복하여 튼튼해지는 뇌 속의 나뭇가지

피아노를 정말 잘 치는 우리 누나.
같은 남매인데 왜 나는 똥손일까?

누나는 하루에 한 시간씩 꾸준히 연습했대.

누나의 뇌에는 신경 섬유의 말이집이 형성된 거야!

반복하다 보면 강해지는 우리들의 뇌를 믿어 보자.

모두 튼튼한 신경 가지들이 해낸 일들이야!

✧ "나의 사춘기 뇌에게 ✧ 수고했다고 이야기해 주고 싶어요."

마이클과 로라는 곧 17세가 되는 쌍둥이 남매야. 남동생 이안은 13세지. 일요일 저녁, 가족들이 저녁 식사를 마칠 즈음이었어. 로라는 가족들에게 정신과 의사가 되고 싶다고 말했어.

"엥? 그런 걸 왜 하고 싶어?"

마이클이 빵을 집으면서 의아하다는 표정을 지었어.

"전에는 공학자가 되고 싶다고 했던 것 같은데?"

이번에는 아빠가 물었지.

"네, 그랬죠. 하지만 제 마음이 원하는 것은 다르더라고요. 저는 전체적인 그림을 살피면서 원인을 생각하는 데 관심이 있어요. 지금까지는 문제를 해결해 나가는 일이 좋았는데 곰곰이 생각해 보니 기계나 물체보다는 사람과 관련된 문제를 연구해 보고 싶더라고요. 따지고 보면 뇌도 일종의 기계 아닐까요?"

234

"머리가 이상한 사람들을 연구해서 뭘 할 건데? 그냥 흰 가운 입은 아저씨들이 처리하게 놔 둬."

이안이 로라를 향해 히죽 웃으면서 스파게티를 후루룩 빨아들였어. 토마토소스가 입 주변에 잔뜩 묻었지.

"엉뚱한 소리 말아라, 이안."

엄마가 이안을 나무랐어. 이안은 웃음을 터트리면서 의자에 구부정하게 앉아 손으로 입을 쓱 닦았어.

"이안이 덕분에 머리가 이상한 사람들한테 적응하기 쉽겠어."

마이클이 말했어.

"머리가 이상한 건 형이지."

이안이 마이클에게 빵 조각을 던지며 쏘아붙였어.

로라가 말을 이었어.

"말조심해. 뇌에 문제가 생긴 건 그 사람들 잘못이 아니야. 만약 네가 정신 질환을 겪으면 제대로 된 치료를 받으면서 낫고 싶지 않겠어? 너도 나처럼 실력 있는 정신과 의사가 돌봐 주기를 원할걸?"

"로라, 네 말이 맞다. 이안 말은 무시해. 그냥 까부는 거야."

엄마 말에 이안이 무례한 몸짓을 했어. 운 좋게도 엄마는 못 보고 넘어갔지만.

"그래, 어쩌다 그런 생각을 하게 됐는지 구체적으로 이야기해 줄래?"

아빠가 물었어.

"철학 수업에 실습 과제가 있었는데 생각이 많아지더라고요. 무엇이 현실인지, 현실이라는 개념이 정확한 것인지 우리는 어떻게 아는 걸까요? 누가 제정신인지 제정신이 아닌지는 어떻게 아는 거고요? 다른 사람이 무슨 생각을 하는지는 어떻게 알까요? 그런 생각을 하다가 이번 주에 신경 과학자와의 대화 시간이 있었는데, 그분은 우리의 인격이 뇌 속의 화학 작용과 세포 구조일 뿐이라고 하더라고요. 저는 우리가 그 이상의 존재라는 확신이 들었어요. 철학과 과학 사이 어디쯤 답이 있지 않을까 싶더라고요. 우리 정체성처럼 말이에요."

마이클이 이해하기 힘들다는 표정으로 로라를 쳐다봤어. 부모님의 표정에는 놀라움이 가득했지. 이안은 하품을 하면서 "라라 레레레레렐레레" 하고 중얼댔어.

"시끄럽다, 이안."

아빠가 짜증을 냈어. 이안은 손가락 사이로 포크를 돌렸어. 그러다가 포크를 바닥에 떨어트리는 바람에 토마토소스가 로라의 청바지에 튀고 말았지.

"야, 이러다가 네가 내 첫 환자가 되겠다. 오늘 처음 입은 바지인데 이게 뭐야!"

"어익후, 대동합니돠."

이안이 비아냥거리며 혀 짧은 소리를 했어.

"이안, 나도 참을 만큼 참았다. 그만 까불고 오늘 설거지는 네가 해."

엄마가 화난 목소리로 말했어.

"오늘은 제 당번이 아니에요! 로라 누나 차례라고요!"

"방금 네 차례로 정해졌어."

"너무해요! 왜 제가 해야 하는데요?"

"방금 너는 까불다가 로라 청바지를 더럽혔어. 그러니 대신 설거지라도 해야지. 설거지하면서 어떻게 하면 좀 더 조심할 수 있을지 생각해 봐."

"멍청이."

이안이 중얼거렸어. 그때 아빠가 이안을 쏘아봤어.

"아무 말도 안 했어요."

"아니, 방금 말했잖아. 뭐라고 했지?"

"멍청이라고 했어요, 됐죠? 그게 뭐 어쨌다고요!"

"엄마한테 사과해라! 당장!"

"아, 알았어요. 죄송하게 됐네요. 엄마는 세상에서 가장 훌륭한 분이십니돠!"

이안이 쿵쿵 발소리를 내며 방으로 가서 문을 쾅 닫았어. 남은 가족들이 서로를 쳐다봤지.

마이클이 입을 열었어.

"엄마, 저런 말을 듣고 가만히 있지 마세요. 받아 주면 안 된다고요."

그 말을 들은 엄마는 묘한 표정을 지었지. 마이클은 엄마를 쳐다봤어. 왜 저런 표정으로 보는 거지? 그러다 깨달았어.

"하아, 저도 엄마한테 저런 식으로 말할 때가 있었네요."

"그래, 몇 번 그러다가 말기는 했지."

엄마가 환하게 웃었어. 마치 불이 켜진 듯 얼굴이 밝았지. 엄마는 어두운 터널 끝에서 비치는 희미한 불빛을 본 것 같은 기분이었어. 마이클에게 스스로를 돌아보는 능력이 생겼잖아. 자신이 어떻게 바뀌고 있는지, 과거에는 어땠는지 생각하게 된 거야. 객관적으로 자신을 보게 된 거지.

아빠가 "로라, 정신과 의사가 되려면 얼마나 걸리지?" 하고 물었어.

"10년 정도면 돼요."

"할 수만 있다면 좀 더 빨리 되어 주렴. 우리처럼 딱한 부모에게 십대의 뇌 속에서 어떤 일이 벌어지는지 답을 알려 줘야지?"

이안, 마이클, 로라의 뇌에서는 무슨 일이 벌어지고 있을까?

이안과 마이클과 로라는 각각 십대의 뇌 발달과 행동이 거치는 세 단계를 지나고 있어. 이 아이들의 행동 패턴은 그저 각각 다른 세 단계에 속하는 십대들이 어떤 식으로 행동하는지 명확하게 보여 주기 위해 고른 것일 뿐이야. 십대 전체가 이렇게 행동하는 것은 아니라는 사실을 기억해 두자. 청소년들은 저마다 매우 달라. 지금부터 이들의 뇌에 무슨 일이 벌어졌는지 살펴볼게.

13세 이안은 청소년기 초기에 들어섰어. 서툴고 과격하며 위험을 감수하려는 성향이 크고(엄마한테 멍청이라고 하는 짓은 아주 무모하잖아!) 자기중심적일 때가 많아. 이안은 잘못된 선택을 할 때가 많고 다른 사람의 관점에서 이해하는 일에 서투르지. 성숙하고 논리적인 방식으로 문제를 생각하지도 않아. 이안의 뇌를 살펴본다면 회백질이 아주 많고 신경 세포의 가지돌기와 시냅스가 뚜렷한 계획 없이 복잡하게 가지를 뻗는 중일 거야. 또 무모하게 반응할 때 뇌를 살펴보면, 편도체를 주로 사용하면서 전두엽을 효율적으로 활용하지 못하는 모습도 보이겠지.

17세인 마이클은 로라와 같은 나이야. 하지만 남자아이들은 일반적으로 1~2년가량 성장이 늦어. 마이클은 자신의 외부에서 벌어지는 일에 관심을 보이기 시작해. 이를테면 부모님을 힘들게 했었다는 사실을 갑작스레 깨달은 경우가 그렇지. 점점 스스로를 통제하게 되고 좋은 결정을 내리는 일이 많아질 거야. 마이클의 뇌를 들여다보면 가지치기가 잘된 신경 세포가 보일 거야. 신경 세포의 가지돌기 개수는 이안의 뇌보다 줄었겠지만 훨씬 튼튼한 모습일 테고. 마이클은 지난 몇 년간 다양한 기술을 발달시켰고, 뇌의 영역들이 서로 잘 협력하고 있어. 하지만 아직 신경 가지들이 충분히 튼튼해지지 않았어. 다음 단계에서 그걸 해내야 해.

로라는 확실히 터널의 끝에 다다른 듯 보여. 추상적인 개념도 잘 이해해. 즉, 눈에 보이지 않고 듣지 못하는 신념, 개념, 진실, 현실 같은 것들을 깊이 생각할 능력이 생겼어. 스스로 학습하는 능력도 충분해. 미래를 예측하고 계획할 수 있지. 로라의 언어 능력은 마이클과 이안을 훌쩍 뛰어넘었어. 아마 사고력은 부모님과 맞먹어서 함께 토론을 할 수도 있겠지. 로라의 뇌 속을 들여다보면 회백질 영역이 이안의 뇌에서 관찰되는 것보다 줄었을 거야. 그럼에도 훨씬 효율석으로 직동히겠지. 앞에서 간단하게 언급한 신경 섬유의 말이집이 잘 형성된 모습, 혹은 뇌의 백질 영역이 강화된 모습도 확인할 수 있을 거야. 너는 어때? 지금 어떤 단계에 있는 것 같니? 이안? 마이클? 아니면 로라?

신경 섬유의 말이집 형성

말이집은 신경 세포에서 꼬리처럼 뻗어 나온 축삭을 감싸는 피막이야. 멀리 떨어진 다른 신경 세포에 정보를 전달하는 역할을 담당해. 메시지가 효과적으로 전달되도록 경로를 튼튼하게 해 주지. 말이집은 축삭돌기가 있는 경우에만 생기는데, 축삭돌기는 정기적으로 사용되지 않으면 사라져. 계속해서 축삭돌기가 사용되어야 사라지지 않고 말이집이 형성될 거야. 신경돌기가 말이집을 형성해서 튼튼해지면 신경 세포는 떨어져 나가거나 약해지지 않아. 꾸준한 연습이 효과를 발휘하는 이유가 이 때문이지.

로라의 뇌는 사용하지 않는 회백질이 제거되고 남은 연결들이 말이집을 형성해서 강화되는 단계에 이르렀어. 전기 메시지가 빠르고 정확하게 신경 세포 네트워크를 통과해서, 그동안 노력해서 쌓은 기술을 능숙히 다루는 수준에까지 도달한 거지. 반면 이안과 마이클은 아직 회백질이 남아 있어서 새로운 기술을 익히기가 훨씬 쉬운 상태야. 로라는 자신이 선택한 것들을 완벽하게 수행하는 중인 거고. (아, 그렇다고 나이가 들면 새로운 기술을 습득할 수 없는 건 아니야. 어린 나이에 조금 더 쉬울 뿐이지.)

급격한 도약

대부분의 교사와 부모님들은 십대의 능력이 십대 후반에 급격히 좋아진다는 사실을 잘 알아. 십대도 그 사실을 깨닫게 돼. 그전에는 못했던 무언가를 갑자기 잘 해낼 수 있게 되거든.

그 순간 뇌 속을 들여다본다면 불필요한 신경 가지들이 모두 제거되고 축삭이 말이집으로 두툼하게 둘러싸인 모습을 관찰할 수 있을 거야. 미래에 유용하게 사용될 새로운 지식, 새로운 능력이 생긴 거야.

"이 모든 것은 자동으로 뿅 하고 이루어지나요? 저는 그냥 앉아서 기다리기만 하면 되나요?"

안타깝게도 그렇지 않아. 뇌는 '사용하지 않으면 사라진다'는 법칙을 기초로 작동해. 무언가를 시도하고 배우고 연습하고 해내야 네트워크가 발달하지. 더 많은 것을 하고 다양한 활동에 참여할수록 뇌는 그런 활동에 익숙해지고 능숙해져. 좋은 뇌는 모든 영역이 잘 협동하는 뇌야.

연구자들이 쥐를 대상으로 한 실험이 있어. 한 그룹에는 장난감을 넣어 줬어. 해야 할 일이나 소일거리가 풍부한 흥미로운 환

바이올린 연주자의 뇌를 들여다보면 왼손 손가락을 조절하는 영역의 신경 세포와 수상돌기가 보통 사람들보다 많아. 신경 세포가 그렇게 자라지 않았다면 바이올린 연주자가 되지 못했을 거야. 바이올린을 연습하며 손가락을 움직일 때마다 세포가 자라고 연결되었겠지. 즉, 우리는 뇌를 좋은 쪽으로 변화시킬 수 있어.

경을 만들어 준 거야. 다른 그룹에는 아무것도 넣어 주지 않았어. 장난감도 없고, 함께 지낼 친구 쥐도 없었지. 몇 달 뒤, 연구자들은 각 그룹 쥐의 뇌를 관찰했어. 두 그룹 쥐의 뇌에는 물리적인 차이가 있었어. 무언가를 가지고 놀기 바빴던 쥐들은 대뇌 피질이 두꺼웠고 (대부분이 회백질 영역이거나 신경 세포들이었지) 신경 세포에 음식을 공급하고 지지해 주는 신경 아교 세포도 훨씬 많았어. 신경 세포와 가지돌기도 훨씬 많았지.

결국 무언가를 경험하고 열중한다는 말은 똑똑하다는 뜻이야. 많은 것을 접할수록 더 많은 것을 해낼 수 있다는 말이지.

우리가 무엇을 하든 청소년기 초기의 뇌는 회백질이 증가하는 단계를 거쳐. 그런 뒤 불필요한 부분을 줄이거나 제거해 나가지. 우리가 개발하는 기술과 숙련도는 회백질의 성장과 제거 단계를 어떻게 활용하는지, 또 그런 기술을 단련하기 위해 얼마나 노력하는지에 달려 있어. 선택은 우리 몫이야. 시간을 많이 들이면 결국 능숙해지는 거야. 청소년기를 지날지 말지에는 선택의 여지가 없지만, 이 시기를 어떻게 겪어 나갈지는 너의 선택에 달린 거지. 우리가 뇌를 통제할 수 있고 좀 더 나은 삶으로 나아갈 방법이 있다는 사실, 꼭 기억하길! 물론 살다 보면 네가 통제할 수 없는 일도 겪겠지만 그럴 때는 한쪽 문이 닫히면 한쪽 문이 열린다는 말을 곱씹어 봤으면 좋겠어. 너의 뇌가 좋은 선택을 할 수 있으려면 네가 매일 내리는 좋은 결정이 쌓여야 해.

십대 후반에 얻을 수 있는 지적 능력에는 또 무엇이 있을까?

농담 이해하기 - 물론 어린이들과 십대도 농담을 알아듣지만 재미있다고 여기는 농담의 종류가 달라질 거야. 어른이 되어서도 새로운 사람을 만나고 새로운 경험을 하면서 좋아하는 농담 스타일이 계속 변해. 재미있다고 느끼는 유튜브 채널도 바뀌지. 중요하면서도 조금은 겁나는 변화가 생기기도 할 텐데, 부모님이 재미있다고 하는 것들을 너도 재미있게 느끼게 될 거라는 거야. 농담이 아니야!

연결 짓기 - 무언가를 듣거나 배우고 나면 그것을 완전히 다른 무엇과 연결 지을 수 있게 돼. 종교 시간에 토론을 하다가 갑자기 역사나 정치학이나 철학 시간에 배운 내용을 연결 짓게 될 거야.

각각 다른 두 가지가 모두 진실일 수 있다는 것 - 어떤 아이디어나 사실을 반드시 흑백으로 판단할 필요는 없다는 것을 알게 돼. 합리적인 사람도 서로 모순되는 두 가지 신념을 가질 수 있다는 사실을 깨닫지. 이를테면, 부모님은 너와 너의 애인을 믿지만 너희 둘이 같은 방에서 자는 일은 아직 허락하지 않으리라는 사실을 이해하게 될 거야. 더 큰 그림을 볼 수 있게 되는 거야.

주제 파악 - 책, 연극, 시, 예술 작품을 감상하고 섬세한 언어를 이해하는 능력이 발달하는데, 때로는 갑작스럽게 이런 일이 벌어지기도 해. 국어 교사들은 문학 작품의 의미를 해석하는 학생들의 능력이 대개 14세~16세에 많이 발달한다고 말해. 일반적으로 여자아이들이 남자아이들보다 이 단계에 일찍 다다른다고도 말하지. 또래 집단에서 생일이 늦은 남자아이는 수학 능력은 뛰어난데 언어와 예술 쪽으로는 어려움을 겪을 수도 있어. 모든 일이 그렇듯, 우리는 노력과 연습을 통해 발전해. 남자아이들도 시간을 들이면 이런 기술을 개발할 수 있어!

원대한 계획 - 십대 후반이 되면 자기만의 신념을 발달시키는 일에 능숙해져. 이때까지는 대개 부모님, 선생님, 존경하는 사람 등 주변 사람들이 하는 말이나 텔레비전에서 들은 말을 믿었지. 혹은 스스로 알아낸 것보다는 직감적인 반응에 따른 의견을 주장했을 거야. 그러다 점점 자기만의 관점이 생기고 발전하면서 자기만의 신념 체계를 가지게 돼. 신념은 계속 바뀌고, 아마 살아가는 내내 그럴 거야. 신념을 표현하고 정당화하는 능력도 점차 좋아져.

국가와 사회에 따라 차이가 있기는 하지만, 많은 민주주의 국가에서 투표나 음주와 흡연, 합의하에 성행위를 할 수 있는 나이가 16세와 21세 사이라는 점은 우연의 일치가 아니야. 그 나이대

245

에 자신에게 무엇이 최선인지 결정할 수 있는 능력이 생기기 때문이지.

"뇌는 왜 청소년기가 끝날 때 훨씬 잘 작동하나요?"

다시 여러 가지 관점에서 그 이유를 살펴볼게. 각 이론들이 어떤 연관성을 갖고 있는지 살펴보자.

이론 1　잘 배웠기 때문이다

어쩌면 이런 발달 과정을 겪고 새로운 능력을 획득하는 까닭은 우리가 잘 교육받았기 때문일지도 몰라. 아마 여러 해 동안 학교에 다니면서 똑똑해졌기 때문일 거야.

그렇지만 솔직히 말하면, 뇌가 새로운 것을 배우고 연습하면서 변하는 것은 맞지만, 이 이론만으로는 뇌의 극적인 변화를 설명하기에 충분치 않은 것 같아. 이 이론은 또 사람들이 어린 시절을 학교에서 보내든 그렇지 않든 왜 전 세계 인간 사회에서 비슷한 변화가 일어나는지도 설명하지 못하지. 적절한 뇌 발달 없이는 아무리 뛰어난 가르침을 받더라도 훌륭한 사상가, 작가, 수학자, 농구 선수가 되지 못하지 않겠어?

수학에 매우 뛰어난 재능이 있는 어린이가 10세에 고등학교 과정을 마치고 대학교에 갔다는 이야기를 들어 본 적 있을 거야. 그런데 언어에 있어서는 비슷한 일이 벌어졌다는 이야기를 많이 들어보지 못했어. 아무리 어린 시절에 뛰어난 교육을 받더라도 뇌가 그 내용을 처리하지 못하기 때문이 아닐까? 뇌가 그런 방식으로 성숙하기 때문에 우리가 많은 것들을 해내는 것이지, 우리가 학교에서 배우기 때문에 뇌가 그런 방식으로 성숙하는 것은 아니라는 게 내 주장이야. (물론 교육을 통해서 뇌가 작동하는 방식을 개선하거나 바꿀 수는 있을 거야.)

이론 2 　진화적 이유에서다

이 이론은 앞의 이론과 반대의 주장을 펼쳐. 우리에게 유익하기 때문에 영리한 뇌가 세대를 거쳐 전해져 내려왔다는 거야. 우리 인간 사회가 점점 더 복잡해지고 성공할 수 있었던 것은 뛰어난 뇌가 있었기 때문이고, 그런 이유에서 뇌는 더욱 더 똑똑해졌다는 거지.

인간은 음악가, 배관공, 디자이너, 정치가, 의사, 청소부, 운동선수, 엔지니어, 학자, 작가, 가수, 요리사, 철학자, 정원사 등등 수많은 일을 할 수 있어. 원한다면 위험을 감수하고 행동할 수도 있지.

취미도 가질 수 있어. 휴일에 계곡으로 래프팅하러 가는 식으로. 세대마다 쌓인 지식이 부모, 교사, 책을 통해 전해져. 그러다 사라지는 지식도 있겠지. 우리 사회는 매우 복잡해서 도시에 사는 사람들도 있고 작은 마을이나 시골에 사는 사람도 있어. 민주주의 사회에서 사는 사람도, 독재 정권 아래에서 사는 사람도 있지. 전쟁을 겪는 사람도, 평화롭게 사는 사람도 있어. 인류는 달에도 다녀왔고 화성에 탐사선을 착륙시키기도 했어.

인간의 뇌는 놀라워! 네가 한 모든 일, 네가 떠올린 모든 생각은 물론 네가 살아 숨 쉬며, 너답게 존재하는 것이 모두 그 회색 물질 덕분이잖아? 너의 뇌 덕분에 너는 이 세상 그 누구와도 다른 독특한 사람인 거야. 그런데 이 뇌가 하는 일 중 중요한 것 한 가지는 네가 십대, 즉 청소년이라고 주장하는 거야. 더는 어린이가 아니고 아직 어른도 아니라고 온 세상에 외치는 거지. 이게 무슨 의미가 있냐고? 어른들은 청소년을 이것도 저것도 아닌 단계에 있는 애매한 시기의 존재라고 생각해. 자기들도 그 시기를 거쳐 왔으면서. 그런데 사춘기의 뜻을 한번 살펴보자. '사춘기'(思春期)는 생각 사, 봄 춘, 기약할 기라는 세 개념으로 되어 있어. 쉽게 말하면, 사춘기는 생명이 움트는 봄을 생각하는 시간이라는 뜻일 거야. 사춘기라고 하면 무슨 병인양 폄하하는 이들이 많은데, 사춘기야말로 우리 인생에서 가장 아름다운 시기가 아닐까? 인생이 피어나고, 움트고, 기지개를 켜는 시간에 들어선 너를 너 스스로 축복하고 축하했으면 좋겠어.

그거 알아? 청소년기에 관해 생각하고 청소년들을 만날수록 이 시기가 얼마나 특별한지, 청소년기와 그때의 뇌가 얼마나 많은 일을 겪으면서 변하는지 놀라게 돼. 십대들은 대처해야 할 일이 참 많지. 나는 십대들이 제각기 겪는 일들을 처리하는 방식을 존중해. 이 책을 쓴 이유는 다른 어른들도 그 점을 이해하고 잠시 멈춰서 생각해 봤으면 하는 마음에서야.

너의 뇌는 너 자신이고 미래의 너이기도 해. 너의 뇌를 더 많이 이해할수록 통제권을 갖는 데 도움이 될 거야. 가끔 뇌가 너를 휘두르고 생물학적 현상이 너를 쥐락펴락할 때면 이렇게 외쳐도 좋아. "내 탓이 아니야. 뇌 탓이라고!"

나의 뇌는 어떤 능력치를 가졌을까?

너의 뇌가 어떤 방식으로 작동하는지를 알아보기 위한 테스트야. 여유를 갖고 생각해 봐. 필요하다면 종이와 연필을 사용해도 좋아. 겁낼 필요는 없어. 그냥 재미있자고 하는 테스트니까!

1 이 중 성격이 다른 것 하나를 고르세요.

믿다　말하다　희망하다　생각하다　느끼다　결심하다

2 21 다음에 올 숫자는 무엇일까요?

1　　2　　3　　5　　8　　13　　21

3 I 다음에 올 알파벳은 무엇일까요?

A　D　C　F　E　H　G　J　I

4 왼쪽 단어와 합쳐도, 오른쪽 단어와 합쳐도 각각 새로운 단어를 만들 수 있는 글자 하나를 빈칸에 넣어 보세요.
(예: 짜임새소리 = '짜임새'와 '새소리')

동네 ☐ 한강　　　　농사 ☐ 거리

⑤ 펜에는 잉크, 자동차에는?

차고　　운전　　열쇠　　휘발유　　연료 탱크

⑥ 내 몸무게의 75퍼센트에 13킬로그램을 더한 숫자가 나의
몸무게와 같다면, 나의 몸무게는 얼마일까요?

⑦ 다음 문장을 읽어 보세요.

> 카림은 마크보다 키가 작습니다.
> 마크는 샘보다 키가 큽니다.

아래의 문장 중 사실인 것은 무엇일까요?

① 카림은 샘보다 크다.

② 샘과 카림은 키가 같다.

③ 카림은 샘보다 작다.

④ 카림과 샘 중에 누구 키가 더 큰지 알 수 없다.

⑧ 다음 문장을 읽어 보세요.

> 어떤 정치인들은 거짓말쟁이다.
> 모든 거짓말쟁이는 귀가 작다.

두 문장 모두 진실이라면 귀가 작은 사람 중에는 분명히 정
치인도 있다는 의미일까요?

9 다음 중 누구에게 돈을 주는 것이 나을까요?

① 필요한 사람에게

② 받을 자격이 있는 사람에게

③ 가장 잘 쓸 사람에게

답을 확인하고 해설을 읽어 봐.

1. 말하다
⇨ 나머지는 느낌이나 신념을 뜻하는 단어인데, '말하다'만 행동을 뜻하는 단어야.

2. 34
⇨ 각 숫자는 앞의 두 숫자를 더한 결과야. 이걸 피보나치수열이라고 하는데, 수학과 자연의 여러 현상에서 관찰돼.

3. L
⇨ 알파벳을 A에서 Z까지 순서대로 놓았을 때, 진행 방향으로 세

번째 글자, 역방향으로 첫 번째 글자의 규칙으로 선택한 글자들이
야. 어렵지 않지?

4. 북 (동네북, 북한강), 일 (농사일, 일거리)

5. 휘발유

⇨ 펜은 잉크가 있어야 쓸 수 있고 자동차는 휘발유가 있어야 움직
여. 또 잉크는 펜에 들어가는 액체고 휘발유는 자동차에 들어가는
액체야.

6. 52킬로그램

⇨ 13킬로그램은 총 몸무게 75킬로그램의 25퍼센트야. 몸무게의
100퍼센트는 75퍼센트의 몸무게와 13킬로그램으로 이루어졌기
때문이야. 13킬로그램이 몸무게의 25퍼센트라면, 총 몸무게는 13
킬로그램의 4배지. 100퍼센트는 4 × 25퍼센트야. 따라서 4 × 13
= 52야.

7. ④

⇨ 우리는 마크가 샘과 카림보다 크다는 사실만 알 뿐, 샘과 카림
둘 중에 누가 더 큰지는 몰라. 그러므로 카림과 샘 둘 중 누가 더 큰
지는 알 수 없어.

8. 네

⇨ 거짓말을 하는 사람들은 모두 귀가 작고, 거짓말하는 사람 중에
는 정치인이 있으니 그 사람들은 분명히 귀가 작을 거야. 또한 정치

인 중에는 거짓말하지 않는 사람들도 있을 테고, 귀가 작은 사람 중에는 정치인이 아닌 사람도 있을 거야.

9. 어떻게 생각해? 이 질문에 답하기 위해서 어떤 질문들을 던져 볼 필요가 있을까? 질문을 던지는 일은 뇌가 더 효율적이고 잘 일하기 위해 노력하고 있다는 증거야.

어떤 문제가 가장 어려웠어? 쉽게 푼 문제도 있고 당혹감에 뇌가 꿈틀힐 때도 있었지? 너무 어려워서 풀 생각도 못 한 문제도 있었을까? 펜과 종이를 사용해서 푼 문제도 있어? 한번 풀어 봤는데 답이 제대로 나오지 않은 적은? 문제를 풀려고 네가 아는 논리를 적용하기도 했니? 숫자가 나오는 문제가 풀기 좋았어, 아니면 단어나 글자가 나오는 문제가 나았어? 어떤 문제가 마음에 들었니?

지능은 아주 다양한 영역의 결합이야. 언어 능력, 수리력, 논리와 추론, 패턴 활용, 배열, 공간 인지 능력, 기억력, 일반 상식, 범주화, 비교, 다른 점 찾기 등등 모두 지적 능력을 향상하는 데 필요한 영역이라 할 수 있지. 모두 연습을 통해서 어느 정도 개발할 수 있어. 더 잘한다고 느끼는 분야도 있고 덜 잘하는 분야도 있을 거야. 원한다면

약점도 강점으로 만들 수 있겠지.

위대한 발명가나 천재 중에도 아이큐 테스트에서 높은 점수를 받지 못한 사람들이 있어. 한 분야에 너무 특출나서 다른 분야에는 소홀했던 까닭이겠지? 어쩌면 그것도 나쁘지 않을지 몰라. 한두 가지 능력에 있어 매우 특출난 사람들도 필요해. 너도 그런 사람일지 몰라.

쉽다고 느낀 문제가 있다면 그 문제를 풀기 위해 필요한 뇌의 영역이 어디인지 생각해 봐. 너의 뇌에서 그 영역의 신경 세포가 튼튼하게 조직되었다는 뜻이니 그 부분을 더 훈련할 만한 책이나 웹사이트를 찾아보면 좋겠지. 어려웠던 문제와 관련된 영역을 인지하고 그 부분을 훈련한다면 훨씬 더 도움이 될 거야. 이 책에서 너에게 꼭 알려 주고 싶었던 것은 바로 실천과 연습과 노력을 통해 뇌를 변화시킬 수 있다는 점이야.

고대 그리스의 철학자 플라톤과 그의 제자들은 이런 문구를 신념으로 삼았어. "너 자신을 알라." 분명 훌륭한 가르침이야. 하지만 우리는 이런 문구를 신념으로 삼으면 어떨까? "너 자신을 알고 성장하게 하라."

뇌 단어장

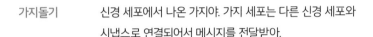

가지돌기	신경 세포에서 나온 가지야. 가지 세포는 다른 신경 세포와 시냅스로 연결되어서 메시지를 전달받아.
거울 신경 세포	다른 사람의 행동을 보기만 해도 활성화되는 신경 세포야. 이 세포 덕분에 거울이 행동을 반사하듯 다른 사람의 움직임을 보는 것만으로도 연습하는 효과가 나는 거야.
공간 지각 능력	머릿속으로 모양을 움직이며 다루고, 어떤 것을 반대로 돌리면 어떤 모습일지 시각화하면서 거리와 각도를 판단하는 능력이야.
기저핵	뇌 안쪽의 여러 부분으로 구성된 영역이야. 움직임, 학습, 기억, 감정을 조절하는 역할을 해.
대뇌 피질	뇌의 겉을 감싼 부분으로 대부분 신경 세포, 즉 회백질로 이루어졌어. 2밀리미터 두께밖에 안 되지만 넓은 영역을 덮고 있고, 주름이 많이 져 있어.
도파민	신경 전달 물질로 음식, 성행위, 위험 감수 행동, 새로운 경험 등을 통해 쾌감이나 즐거움을 추구하려는 욕구와 관련이 있어.
렘수면	자는 동안 안구가 빠르게 움직여서 붙여진 이름이야. 꿈은 대부분 이 단계에서 꿔. 이 단계에서 뇌가 활성화되고, 이때 꾼 꿈은 생생하게 기억되는 경우가 많아.

멜라토닌	뇌의 '체내 시계'에 의해 제어되는 호르몬으로 수면을 조절해.
백질	대뇌 피질의 회백질 바로 아래에 위치하고 있는 부분으로, 뇌의 대부분은 이 백질로 구성되어 있어. 축삭과 신경 아교 세포의 긴 꼬리처럼 생긴 부분들로 이루어졌어.
변연계	감정과 무의식 혹은 반사 행동을 담당하는 뇌 영역이야. '파충류의 뇌'라고 부르기도 해.
복측 선조체	기저핵의 일부로 감정 정보를 수신하고 움직임을 조절하는 역할을 한다고 알려져 있어. (아직 정확한 역할은 제대로 알아내지 못했어.)
세로토닌	만족스럽고 평화로운 행복감을 담당하는 신경 전달 물질이야. 수면, 통증, 식욕에도 영향을 미쳐.
소뇌	협응력과 운동, 특정한 기억과 언어 능력을 담당하는 뇌 영역이야. 생김새도 뇌 속에 있는 작은 뇌 같아. 말 그대로 '소형 뇌'인 셈이지.
시냅스	신경 세포의 가지돌기가 다른 신경 세포의 축삭과 연결되는 부분이야. 실제로 맞닿는 지점이라기보다는 미세한 틈이지. 시냅스를 통해 다른 신경 세포로 메시지가 전달돼.
신경성 식욕 부진증	거식증이라고도 해. 위험할 정도로 음식 섭취를 제한하거나 운동을 과하게 하거나 둘 중 한 가지 증상을 겪는 섭식 장애야.
신경 세포(뉴런)	가장 중요한 뇌세포로, 한 사람이 850억 개에서 1,000억 개가량을 가지고 있어.

257

신경 아교 세포	뇌의 대부분을 이루고 있는 세포로, 과학자들은 죽은 세포를 제거하고 축삭을 코팅하듯 감싸는 피막을 만드는 역할을 한다고 추측해.
신경 전달 물질	시냅스로 분비되는 화학 물질로, 신경 세포 사이에 메시지를 전달해. 지금까지 약 50가지 신경 전달 물질이 발견되었는데 각각 맡은 세포 시스템 내에서 특별한 역할을 수행해. 도파민을 예로 들 수 있지.
아드레날린	스트레스 반응과 관계 있는 호르몬이야. 심장 박동 수를 증가시켜.
에스트로겐	대부분의 여성에게서 발견되는 성호르몬으로, 여성의 신체 특징과 몇몇 행동에 중요한 역할을 해.
전두피질	대뇌 피질의 앞부분으로, 전전두피질뿐만 아니라 운동 피질과 다른 영역들이 전두피질에 포함돼.
전전두피질	전두피질의 대부분을 차지하는 영역이야. 결과와 위험을 예측하고, 평가하며, 결정을 내리고, 행동을 통제하고, 선악을 판단하는 데 중요한 역할을 해.
조현병	대부분의 사람과는 다른 인식이나 믿음을 갖는 정신 질환이야.
청소년기	어린이에서 성인으로 변하는 중간 시기야. 대략 10세에서 20대 초반까지로 봐.
축삭(축삭돌기)	신경 세포에서 길고 꼬리처럼 생긴 부분을 가리켜. 다른 신경 세포에 메시지를 전달하는 역할을 해.

코르티솔   급성 스트레스에 반응해 분비되는 물질로, 스트레스에 대항하는 신체에 필요한 에너지를 공급해 주는 역할을 해.

테스토스테론   주로 남성에게서 발견되는 성호르몬으로, 남성 신체 형태와 행동에 중요한 역할을 해.

편도체   편도체는 대뇌변연계에 있는 아몬드 모양의 뇌 부위야. 감정을 조절하고, 공포 및 불안에 대한 학습 및 기억에 중요한 역할을 하지. 편도체가 제거될 경우 공포나 불안 반응을 유발하는 상황들을 학습하지 못한다고 해.

폭식증   음식을 한꺼번에 지나치게 많이 먹은 다음 토하거나, 설사하거나, 과하게 운동하는 섭식 장애야.

해마   기억에 아주 중요한 역할을 하는 뇌 영역이야. 바다에 사는 '해마'랑 닮은 모양이라 이름도 같아.

호르몬   여러 가지로 우리에게 영향을 주는 특별한 화학 물질이야. 뇌에서 생산되는 호르몬도 있고 그렇지 않은 호르몬도 있는데 모두 뇌가 조절해. 호르몬은 각각 특별한 역할을 맡는데, 배고픔, 성장, 기분, 스트레스, 남성 혹은 여성의 행동 등에 영향을 미쳐.

회백질   중추신경(뇌와 척수)에서 신경 세포가 모여 있는 곳으로 중추신경의 조직을 육안으로 관찰했을 때 회백색을 띠는 부분이야. 회백질은 주로 신경 세포와 그 가지돌기·무수신경 돌기 등으로 이뤄져 있어.

인간의 뇌가 어떻게 작동하는지 완벽하게 이해하는 사람은 없어. 신경 과학자, 심리학자, 정신과 의사, 진화 생물학자도 다 알지는 못해. 그런 사람도 아닌 내가 어떻게 감히 놀라운 십대의 뇌 작용을 밝히는 이런 책을 쓸 수 있었을까?

수년 전, 나는 난독증을 겪는 사람들을 가르치기 위한 훈련을 받던 중에 인간의 뇌와 행동에 마음을 빼앗겼어. 그때 사람마다 뇌에 차이가 있다는 사실을 깨달았지. 퍼즐 조각들의 모서리를 본 것처럼 모든 것이 납득되기 시작했어.

뇌에 강한 흥미를 느낀 나는 관련 자료를 열심히 조사했어. 지금도 새로운 연구 자료를 읽고 십대들과 그 아이들을 아끼는 어른들이 내게 보여 주는 광범위한 현실 세계의 경험과 비교하며 많은 것을 이해하고자 노력하는 중이야. 많은 주제가 그렇듯 과학은 때로 갈등을 빚기도 하고 전문가들끼리도 서로 의견이 다르지만, 그 가운데서 균형을 찾고 합리적이고 진실에 가까운 것을 보여 주는 일이 나의 역할이라고 생각해. 항상 마음을 열고, 논쟁을 다른 시선으로 보려고 노력하면서 정답이라고 생각해 왔던 것이 틀릴 수도 있고 다른 해석도 존재할 수 있다는 점을 염두에 두고 있어. 어떤 의견이든 조금이라도 진실을 담고 있기 마련이니까.

신경 과학자, 심리학자, 정신과 전문의, 진화 생물학자들은 뇌를 각자 다른 각도에서 바라봐. 각각의 관점은 아주 흥미롭지. 나 역시 엄마고, 십대들을 가르쳤어. 지금은 십대를 위한 글을 쓰고 있고. 그래서 어느 정도는 십대를 이해한다고 생각해. 나도 한때는 십대이기도 했으니까. 그래서 이 책을 썼나 봐. 이 책이 너의 삶의 한 부분이라도 시원하게 해 줄 수 있다면 더 바랄 게 없겠어.

십대의 행동 뒤에 숨은 뇌의 비밀
나는 왜 집중을 못할까?

초판 1쇄 펴냄 2024년 7월 31일
　　　2쇄 펴냄 2024년 10월 28일

지은이 니콜라 모건
옮긴이 김인경

펴낸이 고영은 박미숙
펴낸곳 뜨인돌출판(주) | 출판등록 1994.10.11.(제406-251002011000185호)
주소 10881 경기도 파주시 회동길 337-9
홈페이지 www.ddstone.com | 블로그 blog.naver.com/ddstone1994
페이스북 www.facebook.com/ddstone1994 | 인스타그램 @ddstone_books
대표전화 02-337-5252 | 팩스 031-947-5868

ISBN 978-89-5807-015-3 03180